AF131507

UP-Wingers

-

FM-2030

-

Traduction, préface et notes par Thomas Primerano

Édition : BoD - Books on Demand, info@bod.fr
Impression : BoD – Books on Demand,
In de Tarpen 42, Norderstedt (Allemagne)
Impression à la demande
ISBN : 978-2-3224-8485-0
Dépôt légal : Octobre 2023

Préface

Le transhumanisme

Le mouvement transhumaniste est un bouleversement dans l'histoire de la philosophie, car il pose enfin la question résolument moderne des limites de l'homme. Si l'on peut caractériser le transhumanisme comme un courant composé d'un ensemble de doctrines, c'est parce que le mouvement implique un mode de pensée structuré, une certaine unité, capable de tenir et de défendre une théorie en vue d'une pratique effective. Pourtant sa diffusion actuelle dans le milieu universitaire et savant reste encore marginale, voire même moquée, à tel point qu'il semble plus cohérent de considérer le courant transhumaniste comme le support d'un discours futuriste sur la biologie, la physique et les progrès de la science « en général » que comme un réel ensemble de doctrines philosophiques. Cependant, c'est bien par une longue rumination des plus grands penseurs au fur et à mesure de l'Histoire que s'est développé quelque chose comme une conscience technologique alliée à une intelligence vitale. Il faut penser par-là que le transhumanisme n'est pas seulement une idéologie ; il peut être estimé comme telle bien sûr en considérant des motivations politiques, mais il semble être avant tout une production intellectuelle, un contenu de pensée éclairé par la conscience vitale et l'instinct de conservation humain. Comme l'a très justement remarqué le philosophe éthicien Hans Jonas dans *Pour une éthique du futur*, la technique est ce qui peut nous condamner, mais elle est aussi ce qui doit nous sauver.

Voici le point : la planète est condamnée. C'est un fait. L'humanité entière peut-être anéantie par l'explosion d'une bombe atomique durant l'instant où vous lisez ces lignes, Cher Lecteur. Mais sans parler de chutes d'astéroïdes, de guerre, de problème liés à la surpopulation, à la pollution ou au tarissement des ressources, il existe une catastrophe cosmique qui met un terme définitif à l'espoir spéculatif de la survie de l'humanité : il s'agit de l'extinction du Soleil.

Avant d'aller plus loin, nous nous proposerons de rappeler le problème philosophique majeur énoncé par Albert Camus dans *Le mythe de Sisyphe*, car ce problème en particulier peut nous permettre d'aborder le transhumanisme avec sérieux. Si la vie est absurde, pourquoi ne pas lui préférer le suicide ? Si je ne suis

Préface

qu'un fantôme qui passe à travers le temps, qui naît, existe puis meurt, faisant exister le monde avec moi et l'annihilant par ma mort, à quoi bon vivre ? À quoi bon faire ? Aucune de mes actions n'a d'importance. On pourra toujours se souvenir de moi, je pourrais avoir modifié drastiquement le monde, peu importe, car la mort m'engloutit dans le Néant et efface ma conscience à jamais. On pourrait rétorquer qu'il suffit de se contenter de vivre le moment présent, mais cela serait admettre que l'homme n'est qu'un animal comme les autres. Il est en réalité extrêmement difficile de se relever philosophiquement d'une telle considération, car elle remet en question l'intérêt de tous les domaines humains que ce soit l'art, la politique, la morale, la science... Le progrès humain doit nous permettre de mieux vivre, mais mieux vivre doit forcément n'être qu'un moyen pour arriver à une fin plus grande qu'un état de bonheur végétatif. Il s'avère que le transhumanisme est l'un des seuls courants, pour ne pas dire l'unique, qui permette de surmonter les problèmes posés par un existentialisme froid et ironique, et de dépasser enfin le cynisme qui s'impose comme une fatalité aux esprits les plus brillants qui furent un jour ébranlés par l'absurdité de cette vie, par la cruelle désillusion qui dévoile, à qui veut bien le voir,

Préface

le côté essentiellement théâtral et superficiel de son propre rôle dans le monde. Si Camus dissipa le voile qui faisait passer la vie pour autre chose qu'un jeu absurde, le mouvement et l'ambition transhumanistes se proposèrent justement de réinvestir la vie d'un but, d'une fin propre à l'essence de l'homme, soit, en d'autres termes, de renouer avec un humanisme d'un nouveau genre devant réconcilier l'humain avec sa fin.

Les êtres humains sont les représentants de la vie la plus évoluée sur Terre, notre conscience réflexive nous permet de nous interroger sur son origine, son but téléologique, ses tenants et ses aboutissants, ainsi que sa métamorphose autant physique qu' ''intellectuelle'' si l'on peut parler ainsi. Cette intelligence métaphysique nous dépasse tous en tant qu'individu pour nous donner accès à ce que nous pourrions appeler l'Esprit de la vie. Nous savons que cette force vitale intelligente veut deux choses : grandir et se perpétuer et par là se propager, dans quel but ? Nous n'en savons au fond rien. Ainsi, l'être humain n'a cessé de croître en nombre et de vivre de plus en plus vieux dans un milieu au sein duquel il n'est que viable. La mort nous apparaît ainsi comme le plus grand de maux non pas parce que la vie a un sens en soi, mais simplement parce que notre *conatus*, notre capacité à persévérer dans notre être,

Préface

nous intime de vivre et de fuir tout ce qui menace notre intégrité physique et mentale. Pourtant, que l'humanité meure aujourd'hui, demain, ou dans cinq milliards d'années, cela ne fait aucune différence à l'échelle du Cosmos. Un tel raisonnement pourrait même mettre en péril les nouvelles doctrines écologiques : rallonger l'existence de l'humanité, sauver la planète, très bien, mais à quoi bon ? Au final cela ne revient-il pas au même à savoir la disparition de toute vie sur Terre ? Ne sommes-nous pas en train de perpétuer une erreur comme l'affirme Schopenhauer ? La mort supprime le sens de nos actions. Bien sûr, la vie à travers notre conscience existentielle emplit de vide par des fantasmes et des illusions pour rendre notre passage sur Terre plus supportable. Mais de même qu'il y a une Ruse de la raison dans l'histoire humaine tel que le montre Hegel, il y a une Ruse de la vie qui se sert de notre ego, de nos craintes et de nos angoisses, de nos plaisirs et de notre douleur inhérents à notre constitution physique, vaisseau de la vie qu'elle a elle-même conçu de telle sorte à ce que l'on veuille vivre encore, plus longtemps, mieux. Vivre désespérément.

Ainsi, le transhumanisme doit avoir en réalité une place déterminante dans la pensée moderne, car il propose la

Préface

seule réponse valable à la seule question valable de philosophie : pourquoi s'efforcer de vivre si ce n'est pas dans l'illusion ou dans le secret espoir de devenir, un jour, immortel. Après la conquête de l'espace, l'eugénisme et la cybernétique, la quête de l'immortalité est le quatrième pilier du transhumanisme qui donne un sens aux trois autres. Cette quête fantasmée par certains, redoutée par d'autres qui l'associent au péché d'orgueil, à l'*hybris* humaine, est la seule solution qui nous empêche d'être réduit à *carpe diem* sur le champ ; je cueille le jour sans me préoccuper du lendemain, en somme, je vis comme un animal incapable de tout *pro-jet*. Or, la *pro-jection* dans le *pro-jet*, est notre bénédiction autant que notre malédiction en tant qu'être humain. Bénédiction, car elle nous donne accès à la pensée réflexive, à la conscience des autres et à notre intériorité, à la liberté de se choisir un avenir réalisable effectivement par nos actions, et malédiction, car il s'agira pour nous d'assumer cette liberté ensuite.

Si l'humanisme a placé l'homme à la fois au point de départ et au centre de ses enquêtes philosophiques, c'est son dépassement que le transhumanisme privilégie. En somme, l'homme est le seul être vivant qui ait la volonté de devenir plus que ce qu'il est, et de

Préface

dépasser les déterminations de sa nature, c'est pourquoi les concepts de nature humaine et d'humanité sont si difficiles : leurs contenus ne sont pas immuablement fixés et évoluent en même temps que l'homme lui-même. C'est peut-être cette volonté de déshumanisation, qui est en fait une volonté de se transcender, qui nous permet de penser une autre vision de ce que doit être l'humanité. Nous cessons alors d'être humain, trop humain pour devenir ce que nous sommes. L'immortalité ou la colonisation des planètes restent encore aujourd'hui inenvisageables, mais les transhumanistes ne sont pas des égoïstes qui se satisfont des petits plaisirs d'une vie bien remplie, ils sont les porteurs de lumière qui œuvrent et se sacrifient pour rendre cet avenir possible. Ils passent parfois pour des monstres immoraux, mais ils travaillent avant tout pour le salut de l'humanité, car eux-mêmes ne vivront pas assez longtemps pour voir leur travail porter leurs fruits. Ils souhaitent néanmoins que les générations suivantes puissent accéder un jour à la sur-humanité pour réaliser la fin de l'être humain.

Préface

FM-2030

FM-2030, également connu sous le nom de Fereidoun M. Esfandiary, était un philosophe, futurologue et transhumaniste influent. Né le 15 octobre 1930 à Bruxelles, en Belgique, il a été l'un des penseurs les plus visionnaires de son temps. FM-2030 s'est démarqué par sa vision optimiste de l'avenir, son engagement en faveur de la transformation de l'humanité et son exploration des possibilités offertes par les avancées technologiques. Il fait partie des transhumanistes ''officiels'' avec Max more et Robert Ettinger, tous trois inspirés par les ''précurseurs'' à savoir le généticien Haldane, le physicien Bernal et le biologiste Jullian Huxley.

FM-2030 a consacré sa vie à la réflexion sur l'impact des nouvelles technologies sur l'évolution humaine. Il croyait fermement que l'homme devait transcender ses limites biologiques pour accéder à un état de post-humanité. Sa philosophie, connue sous le nom de "Nouveaux Concepts de l'Homme", affirmait que grâce aux progrès de la science et de la technologie, les individus pourraient évoluer vers des formes d'existence radicalement différentes, dépassant les contraintes de l'âge, de la maladie, et même de la

Préface

mortalité. FM-2030 a été l'un des premiers à populariser le terme "transhumanisme", qu'il a défini comme un mouvement intellectuel et culturel qui promeut l'utilisation responsable des technologies pour améliorer les capacités physiques et mentales de l'homme. Il croyait en une fusion harmonieuse entre l'homme et la machine, où les avancées scientifiques permettraient d'augmenter les facultés humaines et d'explorer de nouveaux horizons.

En tant que penseur futuriste, FM-2030 a également étudié les implications sociétales de ces avancées. Il a cherché à comprendre comment la transformation de l'humanité pourrait remodeler les structures sociales, économiques et politiques. Il a encouragé la coopération internationale et le dialogue entre les différentes cultures pour façonner un avenir commun où les bénéfices des avancées technologiques seraient partagés équitablement.

L'œuvre de FM-2030 comprend plusieurs livres, notamment *Optimism One* et *Are You a Transhuman ?* ainsi que le présent livre qui suit cette préface : *Up-Wingers*, traduit en français de manière inédite. Dans ces ouvrages, il a développé ses idées sur la possibilité d'une transformation humaine radicale et a exploré les implications éthiques et philosophiques de cette vision.

FM-2030 était également un orateur charismatique et a donné de nombreuses conférences dans le monde entier pour partager ses idées et stimuler le débat sur le futur de l'humanité. Sa présence sur la scène médiatique a contribué à populariser le transhumanisme et à susciter l'intérêt du grand public pour les questions liées à l'évolution humaine même si la philosophie continentale et la recherche sortent à peine de leur sommeil dogmatique pour tourner enfin leurs forces et leurs pensées vers l'avenir et cesser un tant soit peu de philosopher dans les cimetières.

Malheureusement, FM-2030 est décédé le 8 juillet 2000 à New York et son corps a été placé en chambre cryonique à la Fondation d'extension de la vie d'*Alcor*, association transhumaniste basée à Scottsdale en Arizona. Il est alors la première personne à bénéficier de la technologie de cryopréservation par vitrification au lieu d'être congelé comme les patients précédents. Ses dernières actions et décisions sont à l'image de la révolution de sa pensée inspirante. La mort n'est pas la fin.

Up-Wingers

FM-2030 a écrit un ouvrage intitulé *Up-Wingers : A Futurist Manifesto*. Cet ouvrage a été publié en 1973 et représente l'une des contributions majeures de FM-2030 à la pensée futuriste et transhumaniste. Il est difficile de décrire précisément ce qu'est *Up-Wingers*. Un traité politique, un récit d'anticipation utopique, un brûlot délirant destiné à alimenter la polémique et à faire lever les yeux non pas au ciel – ou bien plutôt vers le ciel ? *Up-Wingers* est tout cela à la fois, cet essai est un cri du cœur de FM-2030 qui constate la stagnation de l'esprit humain quand la technique et les bouleversements technologiques s'accélèrent de manière exponentielle. Le style est vif, incisif, sans fioritures, inutiles les propositions sont claires et éperonnent de plein fouet les certitudes que la société somnolente n'ose plus remettre en question.

Up-Wingers: A Futurist Manifesto est un texte visionnaire qui explore les possibilités d'une transformation radicale de l'humanité à travers l'utilisation des nouvelles technologies. Le manifeste expose la conviction de FM-2030 selon laquelle les individus peuvent transcender leurs limites biologiques et atteindre un niveau supérieur d'existence en fusionnant avec la technologie. FM-2030 soutient en effet que les êtres humains doivent embrasser les technologies émergentes pour pouvoir nier les déterminismes biologiques tels que la maladie, le vieillissement, et même la mort. Il envisage un avenir où les individus pourraient améliorer leurs capacités physiques et mentales grâce à des avancées telles que la cybernétique, la nanotechnologie et la biotechnologie pour transcender les limitations humaines.

FM-2030 décrit la création d'une société post-humaine, où les individus vivraient indéfiniment dans une condition de santé optimale. Il remet en question l'idée traditionnelle de vieillissement comme une condition inévitable et propose que les avancées médicales et technologiques puissent permettre aux personnes de rester jeunes et en bonne santé tout au long de leur existence. FM-2030 ose enfin dire que la mort n'est qu'un concept humain et non un état métaphysique. La mort clinique n'est la fin de l'existence que parce qu'on a défini l'existence comme telle et les transhumanistes doivent comprendre les tenants et les aboutissants scientifiques de la mort biologique pour que la technique finisse par palier les caractéristiques de ce qu'on a conceptualisé comme étant la mortalité.

Préface

Dans son manifeste, FM-2030 valorise l'individualisme et la diversité. Il soutient que les individus devraient avoir la liberté de choisir leur propre voie et de se redéfinir à travers des transformations rendues possibles par la technique. À travers l'eugénisme ou des technologies permettant la modification corporelle à but utile ou esthétique, il célèbre la liberté totale des expériences humaines et promeut une société qui encourage l'expression individuelle. FM-2030 est un visionnaire et propose une véritable philosophie téléologique de l'histoire en anticipant la disparition des spécificités nationales culturelles et juridiques pour penser les mœurs à l'échelle de l'humanité. Cet avenir n'est rien d'autre que notre présent dont les caractéristiques ont été exacerbées avec lucidité, sans s'illusionner sur un éventuel conservatisme ou retour en arrière. Ainsi, FM-2030 pense la fin couple, la fin de la propriété privée, la fin des frontières, la fin de la famille, la fin de toutes les réalités sociales, politiques, morales contraignantes qui sont en décrépitude à l'heure actuelle et qui ne tarderont pas à dépérir complètement.

L'opposition de la droite et de la gauche, des socialistes et des libéraux, des progressistes et des conservateurs, n'est qu'un jeu de dupes destiné à faire avancer

Préface

l'histoire à travers les passions des puissants et des ambitieux incapables de voir plus loin que leurs propres politiques. Les *Up-wingers* sont ceux qui ont choisi le parti du haut, de la transcendance au-delà de l'ego et du tumulte bruyant et des politiciens et de leurs gesticulations ridicules. Ils sont ceux qui ont une vue d'ensemble et qui comprennent le plan pour l'avenir de l'humanité. L'individu libre et la société « fluide », voilà ce vers quoi tend l'humanité, car l'individu ne peut réussir seul. Ainsi, le modèle économique du capitalisme basé sur la concurrence, la recherche du profit et l'exploitation immodérée des ressources naturelles est en réalité la seule alternative viable : la concurrence et la mondialisation poussent à l'innovation et à la propagation des nouveaux outils technologiques à l'échelle du monde entier. Le capitalisme promeut et protège les valeurs de l'individualisme et du confort. Il s'auto-protège ainsi en empêchant les hommes de se réunir et de se révolter en transformant la masse en consommateurs. Et encore une fois, la survie de l'humanité toute entière passe sans doute par des sacrifices écologiques et moraux. Notre seul devoir est la conservation de l'humanité, car nous sommes les bergers de l'Être. FM-2030 défend un existentialisme plus radical encore que celui de Sartre, bien que moins mystique que celui de Heidegger. Un existentialisme qui substitue à la fausse idée que l'on s'est faite de la condition humaine, notre qualité inhérente de mutant. Partant, c'est l'idée de facticité même qui est niée. Cette part de l'être humain qui nous est imposée dès la naissance comme notre foyer familial, notre milieu social, nos attributs biologiques n'est plus contingente, mais déterminable au préalable. L'eugénisme sélectionne les caractères biologiques et la société « fluide » supprime (''déconstruit'' dirions-nous aujourd'hui) les concepts de genre, de classes, de foyer. À la place, des « *Mobilias* » : des communautés fluides présentes partout sur la planète et reliées entre elle permettant le déplacement et la migration libre de l'une à l'autre sans contrainte : pas de propriété privée, pas de relation exclusive réduisant l'individu à être le mari, la femme, ou l'enfant, mais seulement des personnes libres.

L'essai de FM 2030, *Up-Wingers* a été bien accueilli par certains cercles transhumanistes et futuristes. Il a été considéré comme une œuvre avant-gardiste qui a contribué à stimuler le débat sur les implications de la technologie sur l'avenir de l'humanité. Cependant, en raison de ses nombreuses idées transgressives, il a également suscité des critiques et des préoccupations

Préface

éthiques quant aux conséquences de ces transformations radicales sur la société et l'identité humaine. La peur et l'espoir se livrent une lutte sans merci pour imposer ce que l'humanité doit ou ne doit pas être, mais l'immobilité est une anti-solution, car dans notre univers, ce qui est immobile, ce qui n'évolue pas, ne s'adapte pas, finit inévitablement par mourir.

Ainsi, les avancées technologiques que FM-2030 appelle « percées », doivent être mises au service de la technoscience immédiatement. Le droit aura toujours un temps de retard pour légiférer sur les dangers et les abus de certaines découvertes technologiques et c'est pour le mieux. Comme le signifie Castoriadis, tout ce qui est techniquement faisable sera fait. Le danger n'en est pas moins réel, mais il faut décréter que le jeu en vaut la chandelle ! Oui le risque que la technologie soit mal employée, ou détournée à des fins mauvaises est grand, mais nous devons prendre ce risque, car les rouages de la politique et du droit sont trop lents et le chronomètre au-dessus de nos têtes fait sentir sa présence comme une épée de Damoclès. Le phénomène d'entropie qui régit l'univers s'applique à l'humanité entière : plus nous existons, plus nous tendons à nous corrompre et à ne plus exister. Les transhumanistes sont les seuls et véritables humanistes. L'heure tourne...

Préface

Les *Up-Wingers* sont des visionnaires et non des idéologues, ils n'ont personne à convaincre, car ils ont déjà gagné. La société fluide et la victoire sur la mort deviendront des réalités, car c'est le *télos* de l'histoire et plus fondamentalement, de la vie. Si malgré tout, ces plans sont contrecarrés, l'humanité disparaîtra et il ne subsistera plus aucune trace de notre erreur. La traduction de cet essai a deux buts principaux. Tout d'abord l'acceptation de la marche du progrès et la fin de l'angoisse technologique. D'autre part, le lâcher-prise en politique qui correspond à la dissipation de l'illusion d'avoir le choix et de lutter pour une idéologie. Ces perspectives sont en réalité assez réjouissantes, car l'ataraxie est désormais permise. Plus besoin de lutter, de gaspiller son temps et son énergie, sa santé, le transhumanisme est la seule réalité viable et donc la seule réalité humainement envisageable. Pour être tout à fait homme, il faut être un peu plus et un peu moins qu'un homme, il faut être un transhumain.

- *Thomas Primerano*

Préface

Up-Wingers

Manifeste du Futur

-

FM-2030

Up-Wingers

Up-Wingers

Ce livre est dédié aux visionnaires du monde entier qui catalysent les avancées de l'humanité et qui représentent le meilleur en chacun de nous.

Up-Wingers

Introduction

On m'a souvent dit que je suis trop optimiste pour l'avenir. Comment peut-on être trop optimiste ? Mon regret est de ne pas être assez optimiste. Il n'est pas possible de projeter les mondes fantastiques qui continueront de s'ouvrir à nous dans les années à venir. Des mondes qui transcendent de loin mon optimisme le plus audacieux. Personne aujourd'hui ne peut être trop optimiste.

Nous progressons quotidiennement dans de nombreux domaines : biologie, génétique, physique, biochimie, astronomie, médecine, chirurgie, fœtologie, communication, transport, production alimentaire, informatique, prévision météorologique, surveillance environnementale, relations internationales, relations interpersonnelles, image de soi. Les avancées dans ces domaines et dans de nombreux autres depuis 1955 ont été plus monumentales que tout le progrès des deux mille dernières années. Même il y a quinze ans, bon nombre des percées[1] scientifiques d'aujourd'hui auraient été rejetées comme fantasmes, trop utopiques et optimistes. Pour nous, cela fait déjà partie de la routine. Ce rythme de progression s'accélère désormais. Les progrès sont plus rapides et plus globaux que jamais.

C'est précisément en raison de l'accélération du rythme des changements que nous avons un besoin urgent de plans pour les années à venir. Malheureusement, la plupart des projections d'avenir sont pessimistes. Les intellectuels occidentaux notamment, entravés par la culpabilité puritaine et les doutes de soi, inondent le monde de livres et de films et de scénarios prédisant l'avenir. Pour eux, nos succès et nos potentiels ne sont pas réels. Seuls nos échecs le sont. Leur vision réactionnaire a contribué effrayer les gens du progrès et de l'avenir. « Si l'avenir est si sombre pourquoi y penser ? » est le raisonnement inconscient. Il est plus sûr de se cacher dans le ventre du passé ou de Mère

---

[1] Nous traduisons *breakthrough* par « percées scientifiques », en surajoutant le caractère épistémologique, mais ces percées ne concernent pas uniquement le domaine de la science appliqué comme le développement technologique par exemple, mais également les visions idéologiques révolutionnaires qui sont celles des *Up Wingers*.

Up-Wingers

Nature. Nous devons développer une nouvelle philosophie audacieuse du futur. Une perspective pleine d'espoir qui peut enhardir les gens à vouloir faire face à l'avenir. Vouloir le planifier. Plus que jamais, nous avons besoin de plans à court et à long terme. Des lignes directrices pour nous aider à diriger nos percées rapides les mettant au service de toute l'humanité. Dans nos temps fluides[2], cependant, les plans et les directives (comme je l'ai décrit dans ce livre) ne peuvent être définitifs. De longues lignes directrices auraient pu être possibles en des temps plus lents. Aujourd'hui on ne peut et ne devrait même pas tenter de structurer l'avenir par des plans élaborés. De plus en plus fluides, les temps exigent des directives fluides. Les plans que j'ai élaborés ici concernent le futur proche et le futur moyen - les prochains vingt, trente, quarante ans. Au-delà de 2020, la situation humaine aura changé de manière si méconnaissable qu'il est superflu de la planifier maintenant.

---

[2] La fluidité est un concept pensé par FM-2030 qui implique la déstructurations de tous les domaines des sociétés modernes : travail, famille, politique, économie… Au final la fluidité doit se caractériser par l'évolution d'un état d'esprit affranchi des déterminismes du réel.

Up-Wingers

Dans ce manifeste, j'ai contourné le rythme laborieux de l'impression. La plupart des livres sont trop lents pour notre temps. *Up-Wingers,* s'adressant principalement au fluide, tente d'approcher le rythme électronique. De brèves rafales rapides et nettes d'idées destinées à informer, provoquer, catalyser[3]... Nous avons non seulement besoin de nouvelles idées et visions, mais aussi de nouvelles façons de les communiquer.

---

[3] Le choix a été fait de remplacer les tirets par des virgules dans le texte traduit, atténuant ainsi quelque peu l'effet percutant et le rythme au profit d'un certain confort de lecture.

Up-Wingers

Up-Wingers

1ère Partie

Bouleversement cosmique sur la planète Terre

Un bouleversement cosmique déferle désormais sur la planète Terre. Nous sommes à une étape majeure de notre évolution. Il y a 3 milliards d'années, l'émergence de la vie dans les océans. Il y a 400 millions d'années, l'émergence de la vie sur terre. Il y a 70 millions d'années, les primates. Il y a 3 millions d'années, l'essor des animaux/humains. Aujourd'hui l'émergence d'un nouveau concept de vie au-delà de l'animal/humain et s'étendant au-delà de la planète Terre. Ce bouleversement cosmique est l'un des développements les plus extraordinaires de toute évolution de la vie sur cette planète. Le dernier saut évolutif d'une telle ampleur s'est produit des millions d'années. Il est important de comprendre que certaines des percées scientifiques qui fleurissent maintenant tout autour de nous ne sont plus simplement historiques, mais évolutives. La création asexuée de nouveaux mutants et l'émergence de cyborgs ne sont pas des développements historiques. Ce sont des percées évolutives. Le bouleversement biologique, qui n'en est qu'à ses débuts, évolue vers des concepts de vie radicalement nouveaux - au-delà de l'animal/humain. Les sursauts vers la lune et vers les planètes ne sont pas non plus des événements historiques. Ils sont des percées évolutives majeures. L'ère spatiale encore balbutiante nous catapulte au-delà des prémisses qui régissent la vie sur cette planète. Nous assistons aujourd'hui au tout début de la dimension cosmique qui ne modifie pas seulement la vie sur cette planète, mais affecte tout notre système solaire et l'univers au-delà. Aujourd'hui, quand on parle d'immortalité et d'aller dans un autre monde, on ne veut plus dire cela dans un sens théologique ou métaphysique. Les gens luttent maintenant pour l'immortalité physique. Les gens voyagent maintenant vers d'autres mondes. La transcendance n'est plus un concept métaphysique. C'est devenu réalité.

Ces nouvelles dimensions de la vie humaine défient toutes nos philosophies — toutes nos aspirations sociales et économiques— tous les systèmes politiques — tous nos concepts séculaires de la vie et de la nature — le Temps et l'Espace. Jusqu'à présent, les civilisations humaines à travers les âges ont été fondées sur les mêmes prémices fixées : La nature gouverne toute vie sur cette planète. Nous sommes liés par les lois de l'évolution. Nous sommes confinés à des corps de chair et de sang. Nous sommes confinés en permanence sur cette planète. Nous sommes finis — nous naissons et nous mourons. Aujourd'hui, à notre connaissance, pour la première fois depuis l'émergence de la vie sur cette planète toutes ces prémisses sont remises en cause. Nous n'avons pas de philosophie, pas d'idéologie, pas de système conceptuel ou social qui puisse s'adapter à cette dimension émergente. Cette nouvelle dimension cosmique défie toutes nos traditions humaines. Nous avons maintenant besoin de nouveaux cadres conceptuels et de nouvelles visions pour nous guider alors que nous nous aventurons dans des sphères inexplorées potentiellement pleines d'espoir.

Pour transcender plus rapidement les niveaux supérieurs d'évolution, nous devons commencer par sortir de l'enfermement des idéologies traditionnelles. Nous sommes à chaque instant ralentis par l'étroitesse des alternatives politiques de droite et de gauche. Si vous n'êtes pas conservateur, vous êtes libéral, sinon à droite du centre, vous êtes à gauche ou au milieu de la route. Nos traditions ne comportent pas d'autres alternatives. Il n'y a pas de dimension idéologique ou conceptuelle au-delà du conservateur et du libéral, au-delà de la droite et de la gauche. La droite et la gauche - même l'extrême gauche - sont des cadres traditionnels fondés sur des prémisses traditionnelles qui s'efforcent de manière obsolète d'atteindre des objectifs obsolètes. Les prémisses de toute la gauche sont indiscernables de celles de toute la droite. L'extrême gauche n'est qu'un prolongement linéaire de l'extrême droite. Le libéral est simplement un conservateur plus avancé. La gauche radicale est un libéralisme plus avancé. Vous pouvez aller de plus en plus à gauche vers la gauche la plus radicale que vous avancerez encore dans un cadre intrinsèquement orthodoxe. La droite n'est plus la seule à être conservatrice. Toute la gauche est aussi soudainement conservatrice. La gauche libérale et la gauche radicale ont pris du retard. Mais ils ne feront pas face à leur nouveau conservatisme. Ils résistent et attaquent les nouvelles percées scientifiques - plus ils résistent, plus ils deviennent conservateurs et donc plus cyniques. Il n'y a pas de cynisme plus amer que celui des libéraux ou des radicaux de gauche qui sentent qu'ils ont pris du retard. Ils aiment toujours se considérer et sont considérés par les autres comme progressistes. C'est précisément là que réside le danger. C'est l'une des principales raisons des résistances à des progrès plus rapides. Au nom du progrès, la gauche libérale et la gauche radicale résistent au progrès. Ils résistent parce que les nouvelles percées scientifiques ne rentrent pas dans leurs cadres hautement structurés et leurs objectifs confinés. Le programme spatial ? C'est un gaspillage d'argent contre lequel ils protestent. L'argent devrait être dépensé pour des choses plus importantes. L'ingénierie génétique ? C'est déshumanisant. Cela conduira à des gens à tirer la sonnette d'alarme. Les nouveaux concepts de reproduction hors de l'utérus ? C'est affreusement impersonnel - mécanique. La technologie moderne ? Déshumanisant. Cela nous prive de notre vie privée et de notre individualité, bouleversant l'équilibre de la nature. Chaque percée scientifique est considérée comme une menace. Chaque nouvelle idée vicieusement attaquée comme une utopie simpliste anti-humaine. L'*establishment* de la droite et de la gauche mène une bataille perdue d'avance. Il suit les traces des premiers traditionalistes qui ont résisté aux percées scientifiques plus modestes du passé. Ces premiers traditionalistes étaient également convaincus que donner aux femmes le droit de vote bouleverserait les lois de la nature. Que l'appareil photo et le téléphone supprimeraient l'intimité. Que le contrôle des naissances et la parentalité planifiée étaient impersonnels et déshumanisants. Que la télévision était une "boîte à idiots", etc... etc... Il est particulièrement important de reconnaître que la gauche libérale et la gauche radicale sont les nouveaux gradualistes — les nouveaux conservateurs. J'insiste sur ce point parce que ce libéralisme et ce radicalisme de gauche déguisés au nom du progrès opposent les résistances les plus fortes aux nouvelles percées scientifiques. Quelle effronterie de se dire progressistes. Quelle auto-illusion. Ceux qui ne croient pas au progrès ou à l'avenir n'ont pas mérité le droit de se dire progressistes

De toutes nouvelles dimensions émergent qui vont bien au-delà de la droite et de la gauche, bien au-delà des conservateurs et des libéraux. Ces dimensions défient toutes les anciennes étiquettes. Comment identifiez-vous les scientifiques de l'espace qui, aujourd'hui même, travaillent avec de nouveaux ensembles de prémisses pour établir des communautés dans d'autres mondes ? Sont-ils de droite ou de gauche ? Sont-ils conservateurs ou libéraux ? Comment catégorisez-vous les radioastronomes qui scrutent actuellement les galaxies à la recherche de la vie intelligente ? Ou les scientifiques travaillant sur l'implantation de dispositifs dans le corps humain permettant à l'individu de contrôler ses propres douleurs et plaisirs, émotions et rêves ? Ou ceux qui travaillent sur des systèmes de téléagriculture qui peuvent fournir des quantités infinies de nourriture ? Ou les informaticiens développant des systèmes cybernétiques pour libérer les gens des épreuves primitives du travail perpétuel et de gouvernement de leadership[4] ? Ou des bio-ingénieurs s'efforçant de vaincre la mort ? Ces percées scientifiques et d'autres sont en dehors de la portée de tous les cadres politiques économiques sociaux philosophiques traditionnels. Ces nouvelles dimensions ne sont nulle part à droite ou à gauche. Ces nouvelles dimensions sont en Haut[5]. Le Haut est un cadre entièrement nouveau dont les prémisses et les objectifs mêmes transcendent la droite et la gauche conventionnelles. Comme je le montrerai dans ce

---

[4] FM 2030 entend certainement dans le terme *leadership government*, le gouvernement qui est capable et qui doit imposer ses vues et sa politique économique et sociale à la société qu'il dirige.

[5] « en Haut » traduit ici le *Up* de *Up Wingers*. Le Haut n'est pas seulement un positionnement dans l'espace politique mais caractérise une vision d'ensemble, un projet de dépassement de la condition humaine, une vision pour l'humanité.

crochet, nous sommes au début de deux bouleversements majeurs. Premièrement les percées historiques (au-delà des systèmes féodaux/industriels). Quels sont ces systèmes ? Parentalité exclusive, mariage, famille, école, argent, travail, leadership, gouvernement, nations. Les *Up Wingers*[6] ne veulent pas simplement moderniser ces systèmes archaïques – ils veulent les supprimer complètement. Le révolutionnaire de droite/gauche, par exemple, veut renverser un gouvernement. La *Up Wing* veut renverser le concept même de gouvernement de leadership en le remplaçant par des systèmes cybernétiques. Deuxièmement, les percées évolutives (les bouleversements cosmiques). Ici, le *Up-Winger* part du principe que nous nous dirigeons maintenant vers une évolution supérieure et que, par conséquent, il ne suffit plus de résoudre des problèmes politiques,

---

[6] *Up Wingers* pourrait être traduit par « Ceux qui viennent d'en Haut » ou « Ceux qui font partie de l'aile du Haut », mais ces traductions imparfaites et décevantes retireraient à la fois du sens et en rajouteraient du sens non désiré. FM 2030 utilise la terminologie politique classique pour dépasser l'opposition entre la *left wing* et la *right wing*, littéralement l'aile gauche et l'aile droite de l'échiquier politique dans sa conception classique. Les *Up Wingers* transcendent ces catégories surannées en se montrant véritablement visionnaires.

économiques et sociaux séculaires. Nous devons de toute urgence surmonter les tyrannies les plus fondamentales de la nature, l'arbitraire de l'évolution, les limitations du corps humain, les confinements du temps et de l'espace. C'est la situation humaine qui est fondamentalement tragique. Les révolutions de droite ou de gauche ne peuvent pas modifier ce dilemme fondamental. Par exemple, le groupe de gauche le plus révolutionnaire n'a aucun programme pour vaincre la mort. L'ensemble de l'*establishment* de droite ou de gauche est toujours axé sur la mort. Les programmes spatiaux et les avancées biologiques dans les pays capitalistes et socialistes sont des excroissances de la science et de la technologie modernes et non des idéologies de droite ou de gauche. Nous nous étendons dans l'espace et dans le temps non pas à cause du capitalisme ou du socialisme, mais malgré eux. Les *establishments* capitalistes ou socialistes, de droite ou de gauche ont utilisé leurs programmes spatiaux principalement pour faire avancer leurs complexes militaristes nationalistes. Ils ne comprennent toujours pas l'impact évolutif de la dimension spatiale. L'*establishment* de droite ou de gauche n'est pas préparé psychologiquement et idéologiquement à notre situation émergente dans le temps et l'espace. Il n'est pas surprenant qu'une grande partie de la droite et de la gauche s'oppose avec véhémence à cette nouvelle dimension cosmique. L'*establishment* de droite ou de gauche veut maintenir un *statu quo* évolutif. Il est résigné à la situation difficile de base de l'humanité qu'est la condition humaine. Il s'efforce simplement d'améliorer la vie dans cette situation difficile. Les *Up-Wingers* ne se résignent à rien. Nous n'acceptons aucune situation difficile humaine comme permanente, aucune tragédie comme irréversible, aucun objectif comme inaccessible.

Pour être Up, vous devez rompre tout lien idéologique avec l'*establishment* de droite ou de gauche. Vous devez rompre avec le concept traditionnel de progrès historique linéaire. C'est maintenant trop lent et limité. Vous devez être prêt à faire un bond en avant. Cela signifie commencer par un nouvel ensemble de prémisses de nouveaux objectifs visionnaires. Dans les années à venir, vous entendrez beaucoup parler de la dimension *Up*. La droite et la gauche vont devenir hors de propos. Conservatisme, libéralisme, radicalisme de gauche tendront à devenir indiscernables : ils sont tous conservateurs. Ils sont tous à terre. Ce manifeste est une ligne directrice pour le prochain saut.

Optimisme : la dimension cosmique

Nous n'avons pas seulement besoin d'un nouvel élan idéologique. Nous avons également besoin d'une nouvelle perspective philosophique. Les lignes directrices pour l'action sont inutiles s'il n'y a pas d'engagement. Il ne peut y avoir d'engagement s'il n'y a pas de volonté, pas d'estime de soi, pas d'espoir. Dans mon livre *Optimism One*, j'ai expliqué certaines des raisons de notre pessimisme séculaire.

Ceux que j'ai développés sont premièrement, le manque d'estime de soi. Jusqu'à il y a quelques années, des enfants du monde entier grandissaient dans le dénuement ou dans des environnements répressifs surprotecteurs. L'orientation vers l'échec a commencé tôt dans la vie. Le « rien ne fonctionne jamais pour moi », s'est généralisée dans la philosophie pessimiste de toute une vie selon laquelle rien ne fonctionne jamais pour quiconque, qu'il n'y a pas de progrès, que rien ne change jamais vraiment ou ne peut être changé.

Le deuxième facteur est la culpabilité découlant de l'éducation puritaine. Jusqu'à ces derniers temps, les gens, en particulier dans les cultures occidentales, ont été élevés avec la conviction qu'ils étaient méchants[7] et ne méritaient ni bonheur ni succès. En tant qu'adultes, il est peu probable que ces personnes se réjouissent de l'être humain, de ses succès ou de ses progrès. Même s'ils réussissent personnellement, ils maintiennent une philosophie de pessimisme et échec. Optimisme, espoir, bonheur, progrès évoquent en eux un sentiment de culpabilité qui les pousse s'attarder sur les échecs.

Troisièmement, le manque de perspective historique. Jusqu'à récemment, les gens n'avaient pas l'occasion de voir de première main différentes cultures à différents niveaux de développement historique. Les sociétés féodales n'étaient pas conscientes que d'autres peuples avaient avancé et qu'il était donc possible d'avancer, alors que les peuples industriels étaient rarement conscients du primitivisme et de l'arriération des autres pays. Personne dans le monde entier ne pouvait pas ressentir le mouvement de l'histoire et avait donc le sentiment que rien n'était en changement.

Quatrièmement enfin, notre héritage de pessimisme théologique et philosophique. À travers les âges les gens étaient conditionnés par des théologies et des

---

[7] « Pécheurs » peut rendre ici mieux compte de la dimension religieuse et morale de *wicked* .

philosophies de soumission, résignation, fatalisme, nihilisme, désespoir néant etc... Ces théologies et philosophies étaient pertinentes[8] puisque notre situation humaine était tragique, limitée par le temps et l'espace. Même des visionnaires récents comme Marx, Nietzsche, Freud et les évolutionnistes étaient à juste titre résignés à l'inévitabilité de la condition humaine : la mortalité et le confinement limitant sur cette planète. Il est donc compréhensible que dans toute notre histoire, il n'y a jamais eu de philosophie de l'optimisme basée sur un avenir ouvert.

Je suis conscient que d'autres facteurs ont contribué à entretenir le pessimisme. Par exemple, la prédisposition génétique à la dépression à vie. Quelles qu'en soient les raisons, le pessimisme en tant que philosophie apparaît à un moment pertinent. Aujourd'hui, ce n'est pas le cas. Nous avons atteint un stade de notre évolution où le pessimisme, le fatalisme ne sont plus rationnels ni philosophiques. Aujourd'hui, l'optimisme est la seule perspective pertinente. C'est la toute première fois dans l'évolution qu'une philosophie

---

[8] « pertinentes » venant traduire ici *logical*, littéralement « logiques ».

de l'optimisme est possible. Notre Âge est le premier de l'optimisme. Nous sommes à celui de l'Optimisme.

Quel est le sens de la philosophie de l'Optimisme ? Comment pouvons-nous faire fonctionner cette philosophie pour nous ? L'Optimisme en tant que philosophie est carrément fondé sur deux développements centraux : notre situation émergente dans le temps et l'espace. Soudain, les barrières tombent. Soudain, la situation de l'humanité n'est plus circonscrite ni limitée. Elle n'est plus ni intramondaine, ni finie. Pour la toute première fois, nos potentiels sont devenus totalement illimités. Notre avenir est ouvert. Tout est maintenant soudainement possible. Tout est atteignable. Comme je l'expliquerai dans la troisième partie de ce manifeste, nous sortons des confinements élémentaires pour nous étendre à travers tout le temps et tout l'espace. Nous sommes en train de devenir universels et immortels. Sans ces nouvelles dimensions cosmiques, l'optimisme n'a pas de sens. Le progrès socio-économique politique ne justifie pas à lui seul une philosophie de l'optimisme. Tant que nous étions désespérément condamnés à des durées de vie finies et piégés dans un petit point dans l'espace, toutes nos libertés et commodités politiques, économiques et sociales étaient limitées et finalement dénuées de sens.

Up-Wingers

C'est précisément la distinction entre le nouvel optimisme et l'optimisme des visionnaires du passé. L'optimisme d'un Goethe, d'un Nietzsche ou d'un Marx était nécessairement un optimisme limité, fondé sur le progrès historique. C'était un optimisme dans une situation humaine fondamentalement pessimiste. Mais l'optimisme que j'avance ne repose pas simplement sur des progrès historiques. Il est principalement et ultimement fondé sur nos percées évolutives. Passer à côté de ce point central, c'est passer à côté de toute la signification de l'Optimisme.

Dans notre préoccupation des problèmes domestiques quotidiens, nous avons trop souvent tendance à perdre de vue ces dimensions transcendantes qui s'ouvrent à nous. Il n'est donc pas surprenant que nous persistions dans notre posture traditionnelle de pessimisme. Mais la philosophie d'une époque ne peut et ne doit pas découler des gros titres des quotidiens. Des gros titres qui mettent invariablement l'accent sur nos problèmes quotidiens dans un âge qui ne peut pas être défini par le détail des événements quotidiens. Ces courants larges et toujours plus larges marquent le nôtre comme le premier âge de l'optimisme.

Up-Wingers

Nous devons maintenant faire en sorte que cette philosophie de l'optimisme fonctionne pour nous. Nous avons besoin d'Optimisme comme infusion pour accélérer notre poussée vers l'avant, pour élever notre image de soi. Jusqu'à présent, nous avons été des organismes passifs manipulés par les forces arbitraires de l'évolution, tyrannisés par les rapaces de la nature, abattus par des systèmes sociaux autoritaires (parents, enseignants, employeurs, prêtres, dirigeants, dieux), affaiblis par des théologies et des philosophies qui ont instillé en nous la conviction que nous sommes mauvais et sans valeur.

Ces pressions séculaires nous ont laissés ramollis. Il n'est donc pas surprenant que notre crise la plus grave aujourd'hui, comme par le passé, soit le manque d'estime de soi. Nous manquons d'estime de soi en tant qu'individus et en tant qu'espèce. Aujourd'hui, nous défions notre ancienne passivité, émergeant comme créateurs de notre propre destin. L'un des plus grands bouleversements qui se déroulent actuellement concerne notre nouveau rôle d'activistes dans l'évolution. Mais notre nouvel activisme dans l'univers ne renforce pas assez rapidement notre image de soi. Nous sommes toujours entravés par notre image de soi traditionnelle, nous considérant comme chétif et passif.

Up-Wingers

Nous avons besoin d'une infusion massive de confiance, une élévation de la conscience cosmique. L'Optimisme en tant que philosophie s'efforce de fournir ce soutien. Il cherche à mettre à jour notre image de soi, la rendant compatible avec notre rôle explosif dans l'univers. Une façon d'atteindre l'éveil de la conscience est de voyager partout sur notre planète ; le plus tôt dans la vie sera le mieux. Faire l'expérience directe des peuples et des animaux, des ruines et des rampes de lancement, des montagnes, des océans et des déserts, pour s'impliquer dans notre planète. Dans son passé, son présent et son futur. De cette manière, développez la conscience que nous ne sommes pas simplement membres d'une religion communautaire ou d'une nation. Ou simplement une partie d'un lieu précis et d'un moment précis. Mais que nous sommes membres de toute cette famille humaine, des créatures de cette planète entière, faisant partie d'une continuité dynamique, une évolution continue et poussée vers l'avant dont les origines remontent aux animaux, aux forêts, aux océans, mais dont les potentiels sont maintenant soudainement infinis. Une deuxième étape dans cette élévation est de s'impliquer dans l'univers. Nous pouvons le faire efficacement la nuit à la campagne lorsque l'univers est le plus visible. Les gens qui vivent dans les villes sont trop préoccupés par les problèmes quotidiens, trop aveuglés par les lumières de la ville pour regarder l'univers et développer une conscience cosmique. Les ruraux vivant sous le toit nocturne des galaxies n'ont pas la possibilité de regarder au-delà de leurs cabanes et de leurs villages. La nuit, dans le pays, nous pouvons découvrir la lune, les planètes, les étoiles et les galaxies. Une deuxième étape dans cette élévation est de s'impliquer dans l'univers. Nous pouvons le faire efficacement la nuit à la campagne lorsque l'univers est le plus visible. Les gens qui vivent dans les villes sont trop préoccupés par les problèmes quotidiens, trop aveuglés par les lumières de la ville pour regarder l'univers et développer une conscience cosmique. Les ruraux vivant sous le toit nocturne des galaxies n'ont pas la possibilité de regarder au-delà de leurs cabanes et de leurs villages. La nuit, dans le pays, nous pouvons découvrir la lune, les planètes, les étoiles et les galaxies. Au début, l'exposition peut être inquiétante. Mais au fur et à mesure que nous nous impliquons de plus en plus, l'univers devient familier et rassurant. C'est alors que nous pouvons lentement réaliser qui nous sommes vraiment. Pas simplement des membres d'un quartier ou d'une nationalité. Mais les membres d'une espèce remarquablement intelligente habitant une planète dans ce système solaire cette galaxie cet univers. Une partie d'une dimension espace-temps plus grande et plus transcendante que tout ce qui existe dans la rue. Il se peut alors que nous nous rendions compte que notre cerveau, ce cerveau humain qui est le nôtre, là-bas, en train d'observer les galaxies, est l'un des phénomènes extraordinaires de l'univers. Nous pouvons encore plus cosmicaliser[9] notre conscience en nous impliquant dans les percées monumentales qui fleurissent maintenant tout autour de nous. Percées dans les communications inter-peuples et inter-nations. Notamment les bouleversements de la biologie et de l'espace qui, comme je le montrerai dans la troisième partie, transforment notre situation dans l'univers. Toutes ces tentatives et d'autres d'élévations de la conscience visent à nous libérer de notre image de soi traditionnelle, à nous aider à prendre conscience que nous faisons partie de quelque chose de plus grand que nos existences quotidiennes. Qu'à partir de maintenant, nous pouvons et nous réaliserons les

---

[9] Nous proposons le néologisme « cosmicaliser » pour traduire *cosmicalize*.

visions les plus transcendantes. Qu'il y a de l'espoir, un nouvel espoir dans le monde.

Ce nouvel esprit *Up* doit désormais imprégner tous nos mouvements. Aucun mouvement ne peut réussir s'il ne croit pas à son succès. Aucune orientation ne vaut rien si elle n'ose projeter l'espoir. Vous ne pouvez pas dynamiser les gens en générant le doute de soi, peut-être que nous réussirons, peut-être pas. Il s'agit d'orientations à moitié fictives. Il faut du courage pour être optimiste. Cela demande également une énergie monumentale parce que la majorité de l'humanité traumatisée par la culpabilité, la peur, le doute de soi vit de la force vitale des visionnaires optimistes. La colère face à nos problèmes persistants est bonne. La colère peut être une force positive. Mais pessimisme défaitisme, jamais. Le pessimisme est réactionnaire et conduit à l'apathie. « A quoi bon », raisonne le pessimiste, « la nature humaine est désespérément mauvaise, le monde est pourri, pourquoi essayer ? Soyez tous damnés, je ne penserai qu'à moi ». Ce n'est pas un hasard si ceux qui se plaignent le plus du monde sont ceux qui en font le moins. Si vous ne faites rien pour le monde, vous n'avez aucun droit moral de vous plaindre. Vous n'avez même pas gagné le droit d'être pessimiste.

Up-Wingers

N'écoutez pas les pessimistes et les cyniques. Ce sont des perdants. Ils ne pensent même pas qu'ils méritent le bonheur. Si nous les avions écoutés, nous serions encore dans des grottes. N'écoutez pas ceux qui disent que c'est impossible. Rappelez-vous les pessimistes à travers les siècles qui étaient absolument sûrs que le monde était sur le point de finir. Souvenez-vous de ceux qui étaient absolument sûrs que les conquêtes et le colonialisme ne finiraient jamais. Que nous n'aurions jamais une Organisation des Nations Unies, que les Marchés Communs ne réussiraient jamais, que la communication mondiale n'aurait jamais lieu... Que nous n'aurions jamais une semaine de travail de six jours que nous n'aurions jamais une semaine de travail de cinq jours jamais une semaine de travail de quatre jours... Que cette espérance de vie ne pourrait jamais aller au-delà de quarante ans, jamais au-delà de cinquante ans, jamais au-delà de soixante ans, jamais au-delà de soixante-dix ans... Que nous ne pourrions jamais être comme des oiseaux et voler, que nous ne pourrions jamais atteindre la lune que nous ne pourrions jamais, que nous n'aurions jamais, que nous n'atteindrions jamais... J'en ai assez de ces messagers de malheur. N'écoutez pas ceux qui disent que c'est impossible. Écoutez ceux qui disent que cela peut être fait. Écoutez les optimistes. L'optimisme fait appel aux émotions les plus nobles : idéalisme, confiance, estime. Le pessimisme fait appel au plus bas : culpabilité, honte, peur, doute de soi, haine de soi. L'optimisme est visionnaire le pessimisme, réactionnaire. Le pessimisme est anti-futur. Toute l'histoire de l'humanité est la preuve irréfutable du triomphe de l'optimisme sur le pessimisme. Le triomphe des faiseurs sur les abstentionnistes. Le triomphe d'individus aux visions brûlantes qui, à travers les âges, ont poussé et poussent leurs semblables vers le haut, vers le haut de l'abîme, d'un niveau de l'histoire à l'autre. Aujourd'hui, nous nous préparons à faire des pas de géant évolutifs dans des mondes magnifiques et fantastiques. Il n'y a pas de place pour le pessimisme, pas de place pour la psychologie du désespoir de l'ancien monde. Nous sommes allés trop loin, avons triomphé de trop de barrières impossibles, démenti trop d'alarmistes timides pour nous permettre maintenant de rester enlisés dans le défaitisme. Pour la toute première fois, nous avons la capacité et les ressources nécessaires pour résoudre tous nos problèmes séculaires. Plus important encore, nous avons le potentiel d'évoluer vers une dimension supérieure. Ce dont nous avons besoin aujourd'hui, c'est d'une planification intelligente, d'un engagement, d'une vision. Avec cela, nous pouvons maintenant réaliser n'importe quoi.

Up-Wingers

2ème Partie

Percées historiques : au-delà du féodal/industriel

Les percées historiques au-delà du féodal/industriel sont une extension de l'histoire séculaire des luttes de l'humanité. Elles s'écartent des révolutions précédentes car : premièrement elles sont mondiales, issues des grands centres urbains et se propagent sur toute la planète. Deuxièmement, leur but n'est pas simplement de moderniser les anciennes institutions socio-économiques politiques, mais de les supprimer complètement. Qu'est-ce qui remplacera la procréation, la famille, le mariage, l'école, l'art, le travail, l'argent, l'agriculture, le gouvernement, la ville, la nation ? Dans cette section, je vais discuter de ces questions et projeter de nouvelles directions.

Au-delà de la famille : la vie universelle

Nous sommes tous sous l'influence de millénaires de conditionnement. Nous nous sentons poussés à fonder une famille. Poussés à avoir des enfants. Poussés à avoir une maison. Obligés d'envoyer les enfants à l'école. Impulsés... Poussés... Nous acceptons ces traditions comme incontournables. Considérez-les comme des impératifs biologiques, les questionnant rarement plus profondément. As-tu vraiment besoin d'une famille ? Avez-vous vraiment besoin du mariage ? Avez-vous besoin d'enfants ? Une maison ? Une école ? La soif de mariage, de famille et de foyer est avant tout une soif de structure. Cette envie commence probablement dans le ventre de la mère, la première structure. Il n'y a pas grand-chose que nous puissions faire maintenant à propos de cette structure la plus ancienne. Dans quarante ou cinquante ans, nous éliminerons probablement complètement la procréation. Nous perpétuerons la vie dans les vivants et ce besoin pathologique de structures utérines peut être lentement déprogrammé hors de nous. Plus tard encore, les gens du futur n'aspireront peut-être à aucune structure, pas même à des planètes. Si l'utérus est la première structure, la seconde est la famille. Mais en fournissant une sorte d'utérus comme la sécurité, la

Up-Wingers

famille perpétue en réalité dans la vulnérabilité individuelle à l'insécurité tout au long de la vie. La structure-dépendance que l'enfant avait développée dans l'utérus est renforcée par la famille. Nous ne pouvons peut-être plus rien faire pour l'utérus, mais nous pouvons faire beaucoup tout de suite pour la famille.

Aujourd'hui, dans les centres urbains de la planète, les institutions séculaires de la famille, le mariage, le foyer sont en train de s'effondrer. Dans les villes, où les tendances commencent souvent, la direction est loin du mariage et de la famille. Les citadins se marient maintenant plus tard que jamais, jouissent d'une plus grande liberté dans le mariage, divorcent avec plus de facilité et de fréquence. Des tentatives sont en cours pour moderniser le mariage : mariage-procès, mariage-série, mariage-groupe, mariage-ouvert, mariage-célibataire... Ces timides tâtonnements ne vont pas à la racine de nos problèmes familiaux. Ceux qui préconisent ces alternatives sont comme les réformateurs au sein de l'Église. Les réformes ne suffisent plus. Le mariage lui-même doit disparaître. Le mariage, sous quelque forme que ce soit, est un système intrinsèquement primitif. Aucune variation ne fonctionnera. Vous ne pouvez pas moderniser un tel système. C'est comme s'efforcer de moderniser la religion ou l'armée. Tous les systèmes familiaux sont monopolistiques et exclusivistes. C'est le cas de la famille élargie, les familles polygames et polyandres, la famille nucléaire, le kibboutz[10], la coopérative, la commune. L'exclusivité varie en degrés. Au cours des dernières décennies, la famille nucléaire (père mère enfants) a supplanté les anciens systèmes familiaux. Pendant une grande partie du XXème siècle, la thèse insistante des spécialistes occidentaux des sciences sociales a été la suivante : si un enfant se sent aimé par sa mère et son père, il aura une base émotionnelle solide. Il grandira en toute sécurité. Une bonne relation avec la mère et le père, tous deux très importants, est essentielle au développement sain de l'enfant. Cet accent mis sur les relations positives parent-enfant imprègne la conscience de toute notre matrice culturelle. Particulièrement dans les sociétés modernes et occidentales. Le fait est que la prémisse de cette thèse quasi-moderne est fausse. L'exclusivité même des relations parent-enfant n'est pas saine. Même lorsque le parent aime, la relation est intrinsèquement malsaine. Le préjudice est inscrit dans l'exclusivité de la

---

[10] Village coopératif collectiviste fonctionnant sur la base de l'agriculture en Israël.

relation entre parent et enfant. Le nourrisson est conditionné très tôt à la prise de conscience que sa survie dépend de sa relation avec la mère très importante, ou des substituts spécifiques de la mère. C'est à ce stade le plus précoce que l'enfant est conditionné à fonder sa survie sur une relation en tête-à-tête. Sans ma mère, je mourrai.

« Ma mère ». C'est le premier acte de possessivité. Cela signifie la survie de l'enfant. Mais longtemps après que sa valeur liée à la survie a été dépassée, son empreinte persiste et est transférée à d'autres. « Sans ma mère je mourrai », se développe en : « sans ma femme (ou mon mari ou amant) je mourrai ». (Le mari ou l'amant masculin est généralement un symbole de la mère ; la mère la figure première et ultime.) Les ruptures entre amants sont douloureuses précisément parce que la relation est souvent une répétition symbolique de cette toute première relation mère-enfant. Perdre le mari, la femme ou l'amant régénère la terreur infantile et le traumatisme de la perte soudaine de la mère si importante. Je n'ai pas entendu parler de lui depuis sa carte postale, il y a dix jours. Je ne sais pas quoi faire. Je ne peux me concentrer sur rien. Je ne peux pas dormir. Je ne peux pas manger... Elle est sortie de ma vie. Je ne sais pas quoi faire sans elle. La vie ne vaut plus la peine

d'être vécue. Je ne veux aller nulle part, voir personne...
Il ne veut plus de moi. Il est amoureux d'une autre
femme. Je n'ai jamais été aussi misérable de ma vie. J'ai
des cauchemars. Je pleure tout le temps. J'aimerais être
mort... Solitude, amertume, dépression, hystérie,
traumatisme, coups, meurtres, suicide. Tout cela à
cause de l'amour, un amour obsédé. Fixé sur cet amour
initial de la mère lié à la survie qui laisse l'individu à
jamais vulnérable. Toute cette souffrance n'a aucun
sens. Dans un monde empli de gens, cela n'a aucun sens
que nous souffrions de solitude, de dépression ou de
panique à cause de la perturbation d'une relation.

L'exclusivité de la relation mère-enfant rend
automatiquement toute mère possessive. Même la
mère non possessive est possessive. Un de mes élèves
a résumé les sentiments universels des mères et des
pères. "Je ne suis pas du tout une mère possessive", a-
t-elle déclaré. « Je laisse beaucoup de liberté à mon
enfant. Mais il y a quelque chose de beau à avoir mon
propre enfant. Quelqu'un qui m'appartient. Ce n'est
que lorsque vous avez eu votre propre enfant que vous
pouvez l'apprécier ». Mon propre enfant. Quelqu'un
qui m'appartient. Votre propre enfant. C'est le début de
la possessivité. Le parent est propriétaire de son enfant.
La société attend et accueille cette propriété. Mais en

possédant un enfant, vous créez en lui le besoin permanent de posséder et le besoin permanent d'être possédé. Posséder un enfant, c'est le rendre dépendant de votre possession continue. Autrement dit, le rendre possessif. Être possédé par le parent devient assimilé à être aimé (assuré de survie). Pour entretenir cet amour, l'enfant, et plus tard l'adulte, ne recule devant rien. Il rivalisera, combattra, saisira, trichera. Ou comme je l'ai déjà noté, il se retirera dans la dépression et les traumatismes. En tant qu'adulte, il ou elle peut même tuer pour cet amour. L'individu qui veut posséder et être possédé n'est jamais libre, jamais en paix. Les conflits entre les gens n'ont pas été tant stimulés par la haine que par l'amour, l'amour possessif, l'amour exclusif. Chaque jour, des gens tuent par amour. Ils tuent ou blessent leurs maris, épouses, amants. Ils tuent par amour de la patrie ou de la patrie. Ils tuent pour l'amour de leur clan, de leur religion, de leurs dieux. Plus de personnes ont été tuées par amour que pour toute autre cause. Patriotisme, chauvinisme, ethnocentrisme, racisme, ce sont toutes des variantes de l'amour possessif. Mon pays mon peuple... Le conditionnement initial à de telles exclusivités politiques et nationalistes commence dans la famille exclusive. La famille fondée sur la propriété initiale (possession) de l'enfant est un terreau fertile pour la rivalité, la jalousie, l'appât du gain, le fanatisme, la violence... L'amour que nous développons dans nos systèmes familiaux exclusifs est trop désespéré et fragile. C'est un amour étroit et vulnérable construit sur l'exclusivité et non sur l'inclusivité. La famille est un système perturbateur et destructeur.

L'exclusivité des relations parent-enfant est préjudiciable de manière plus évidente. L'enfant subit des dommages psychologiques à vie si la mère ou le père dont il dépend pour la confiance et la sécurité est instable, possessif, répressif, rejetant... L'enfant souffre souvent de traumatismes à vie (dépression, apathie, perte de confiance...) si le parent décède ou s'en va subitement. L'enfant souffre si les parents se séparent. Il souffre si on ne lui donne pas la liberté. Il souffre également si on lui donne la liberté parce que, dans ses relations exclusives intrinsèquement non libres avec ses parents, la liberté est souvent considérée comme un rejet. L'enfant souffre des rivalités inévitables avec ses frères et sœurs exclusifs qui sont également impliqués dans des relations exclusives avec les parents très importants. Au sein des systèmes familiaux, les parents sont trop centraux et très importants pour le développement de l'enfant, ce qui rend l'enfant très vulnérable, son bien-être tout au long de la vie sur des conditions préalables fragiles. Nous avons placé tous nos œufs dans le même panier.

Nous ne devons nous contenter de rien de moins que l'élimination totale de la famille. La famille sous ses multiples formes est primitive et fondée sur la propriété des individus, à commencer par la propriété des enfants. Nous nous efforçons d'éliminer le monopole économique. Il faut aussi en finir avec le monopole psychologique. Si vous êtes un parent, vous accaparez la vie humaine. Vous êtes un monopoleur, que vous soyez un parent aimant ou cruel. Vous êtes un monopole parce que vous possédez votre enfant. La propriété des enfants est plus insidieuse que le monopole de la richesse et du pouvoir. Avoir un enfant à soi et réclamer le socialisme est incohérent et va à l'encontre du but recherché parce que vous êtes vous-même engagé dans la forme la plus primitive du capitalisme, le monopolisme psychologique. Être impliqué dans la libération des femmes et vouloir toujours un enfant à soi est incohérent et autodestructeur, parce que vous-même contribuez à perpétuer les conditions mêmes menant au patriarcat et au matriarcat. Avoir un enfant à soi et se plaindre de machisme ou de n'importe quel chauvinisme est hypocrite parce que vous êtes vous-même coupable de la forme la plus insidieuse de chauvinisme : la parentalité. Pour libérer les femmes et les hommes, nous devons commencer par libérer les enfants. Nous devons monter un mouvement de libération des enfants. Libérer les enfants, c'est se débarrasser de la parentalité exclusive. Cela signifie se débarrasser de toute la tradition corrompue et primitive d'avoir son propre enfant.

Qu'est-ce qui doit remplacer la parentalité exclusive, la famille et le mariage ? Comment allons-nous nous reproduire ? Qui s'occupera des enfants ? Alors que les anciens systèmes familiaux s'effondrent, deux tendances se dessinent : individuelle et communale. Vivre seul est un nouveau concept. C'est un rejet des modèles séculaires de la vie tribale et familiale. Un rejet des monopolisations et des exclusivités inhérentes à tout lien de parenté. Le célibat est une tentative d'affirmer son indépendance et d'atteindre la fluidité. Une façon de maximiser les opportunités de maintenir les libertés psychologiques, sexuelles, professionnelles, économiques, politiques. L'individu fait surface comme jamais auparavant. Précisément à cause de sa nouveauté, certains célibataires ont des difficultés à rompre avec le conditionnement séculaire à la vie de famille. La solitude, l'ennui et l'éloignement sont des problèmes que certains rencontrent lorsqu'ils apprennent à faire la transition vers la nouvelle Vie Universelle. Un problème plus grave est posé par le célibataire, généralement une femme, qui veut un enfant. Dans les centres urbains, il est de plus en plus facile pour une femme célibataire non mariée d'avoir un enfant, ou ce qui est plus courant, avoir un enfant ou deux puis divorcer du mari. La mère célibataire a renoncé aux blocages de la famille et du mariage, mais elle s'illusionne qu'elle élève son enfant gratuitement. « Je suis très bien avec mon enfant », disent de nombreuses mères célibataires. « Je ne suis pas possessive. Je veux que mon enfant grandisse libre. Cette rationalisation repose sur une erreur dangereuse. L'enfant élevé par une mère célibataire est tout sauf libre. C'est en fait un enfant profondément monopolisé. Là encore, comme je l'ai déjà souligné, la possessivité ou l'exclusivité est ancrée dans la relation mère-enfant. C'est précisément dans une telle relation totalement interdépendante que l'enfant est conditionné à se fixer sur la mère et à traverser la vie pétrifié. La mère célibataire, aussi douce et aimante qu'elle soit, perpétue les aspects les plus préjudiciables des systèmes familiaux exclusivistes. La mère célibataire accapare de manière flagrante la vie humaine. Elle s'efforce d'apaiser ses propres insécurités en recherchant la sécurité dans sa relation exclusive avec la sienne, sa propre possession, son enfant. C'est l'égoïsme suprême. Cela n'a aucun sens de renoncer au monopole de la famille et du mariage pour se retourner et monopoliser un enfant. Un enfant n'est pas un bibelot. Cette dernière forme de monopole psychologique doit cesser. Comme je vais le montrer, il existe maintenant des alternatives pour le célibataire qui veut des enfants.

La vie communautaire se répand aussi, particulièrement parmi les jeunes modernes. Ce modèle continuera à se propager des centres urbains aux petites villes, des sociétés avancées aux sociétés familiales plus arriérées. Il existe plusieurs types de communes. Certaines sont composées d'unités monogames tandis que d'autres, plus avancées, encouragent un plus grand communautarisme dans les relations. La communauté moderne est une grande amélioration par rapport aux anciens systèmes familiaux exclusivistes. C'est la première rupture avec l'héréditarisme. Dans la communauté moderne, les membres choisissent leurs compagnons communautaires. Ils ne sont pas imposés l'un à l'autre par des coïncidences de naissance biologique. En partie parce que les choix sont faits volontairement plutôt qu'imposés, et le fait que les membres de la commune n'ont généralement pas grandi ensemble, les forces monopolisantes de la culpabilité et des loyautés pathologiques sont minimisées. Contrairement aux idées reçues, la communauté moderne n'est pas un retour aux anciennes communautés et aux familles élargies. Il s'agissait de systèmes très structurés dans lesquels les relations n'étaient jamais volontaires mais imposées, où la culpabilité, la honte, la peur, la loyauté constituaient une exclusivité absolue à laquelle il n'y avait pas d'échappatoire. L'enfant était conditionné à sentir qu'il appartenait à la famille élargie. L'enfant était également très conscient de sa propre mère et de son père biologiques. Sa relation avec eux était une exclusivité dans une exclusivité. L'enfant était rattaché non seulement à sa mère et à son père, mais aussi à l'ensemble du clan ou de la famille. Les familles élargies et les collectifs du passé ne sont pas la réponse. Mais la commune moderne est un pas dans la bonne direction. À ce stade cependant, les communautés modernes sont encore trop structurées. En règle générale, les communautaires s'installent trop longtemps au même endroit et au sein d'un groupe fixe. Cela conduit invariablement à certaines des exclusivités des anciens systèmes familiaux. Ceci est particulièrement préjudiciable aux enfants de la communauté. Il faut se garder des exclusivités rampantes au sein des nouvelles communautés. De telles exclusivités peuvent se durcir en de nouvelles formes de structures. La déstructuration de nos sociétés peut a priori sembler menaçante, car nous sommes tous façonnés par des structures et avons donc le sentiment que nous ne pouvons-nous passer d'elles qu'il y aura solitude, chaos, désordre. Le fait est qu'il peut y avoir plus d'amour, plus de sécurité, plus de liberté et de communication dans un monde fluide et non structuré qu'il n'a jamais été possible dans l'ancien monde fragmenté des familles, des tribus, des nations et d'autres structures. On voit déjà cette tendance. Dans l'ancien monde, l'individu appartenait à de nombreuses structures, une tribu ou une famille, un village ancestral, une profession ancestrale, une religion, une nation. Aujourd'hui, les individus modernes ont dépassé la plupart de ces structures. Ils se sentiraient très circonscrits par elles. Ils veulent grandir librement et spontanément en explorant et en embrassant de plus en plus le monde. Le fait est que la déstructuration de la société ne doit pas être considérée comme une menace. N'ayez pas peur de lâcher prise. Les communautés modernes s'inscrivent dans la tendance au relâchement des structures. Mais nous ne voulons pas simplement assouplir les structures, nous voulons les supprimer. Commençons par déstructurer la communauté. Aspirons à une communauté plus fluide, une transcommunauté.

La transcommunauté est un noyau de la vie transplanétaire émergente. S'installer dans un lieu fixe avec un groupe fixe de personnes ou dans un travail fixe, c'est s'envenimer. C'est contrecarrer votre potentiel de croissance. Les *up*-individuels ne s'installent pas dans un foyer, une communauté ou une patrie. Au contraire, ils se déplacent et évoluent et transitent et font la navette et planent et font des jets et des fusées et flottent partout sur la planète. Ils ne font pas partie d'une communauté, d'un foyer ou d'une patrie, mais de la planète entière. L'étape au-delà de la famille, au-delà de la communauté, c'est la Vie Universelle. Faire partie de ce processus, c'est être impliqué dans une évolution dynamique sans racines. C'est la vie de demain que nous devons initier aujourd'hui.

Un monde aussi fluide ne peut accueillir les communautés lentes et structurées d'aujourd'hui. En fait, nous devons commencer maintenant par supprimer progressivement le mot « communauté ». Le mot est trop évocateur des communautés de l'ancien monde, trop souvent confondues avec les anciens systèmes. Le mot « communautés » évoque avant tout l'enracinement et la stabilité. La stabilité est une rationalisation de la stagnation. Nous avons besoin d'un mot qui signale le mouvement et la fluidité : *Mobilia*. La *mobilia* est simplement une escale, n'importe quel endroit où l'individu qui souhaite être non seul, peut s'arrêter pour être avec des pairs et avec des enfants. Dans les décennies à venir, les *mobilias* remplaceront les maisons, les familles, les communautés. Toute personne arrivant dans n'importe quelle communauté, n'importe où sur la planète, pourra s'arrêter à n'importe quelle *mobilia* sans présentation. Restez quelques jours ou quelques semaines puis passez à autre chose. La vie universelle évolue déjà dans les clubs de villégiature et les hôtels modernes. D'une certaine manière, ces hôtels modernes sont les précurseurs des *mobilias*. Les gens convergent à tout moment de toutes les parties de la planète, restent quelques heures, jours ou semaines, profitent des commodités modernes, puis décollent à nouveau pour toutes les parties du monde. La maison ou la communauté était un lieu où vous viviez. La *mobilia* est tout lieu par lequel vous transvivez. La famille par sa structure même est conservatrice. La *mobilia* par sa dynamique est non structurelle. La famille et la communauté favorisent la stabilité. La *mobilia* encourage le mouvement. La famille par son exclusivité conduit à la paresse, l'ennui, la solitude. La *mobilia* par sa fluidité maximise la croissance et la vivacité. La famille encourage la possessivité. La *mobilia* encourage le partage. La famille a été le noyau d'un monde fragmenté, sédentaire et lié à la tradition. La *mobilia* est le noyau d'une Vie Universelle fluide. Transvivre à travers les *mobilias*, c'est s'impliquer dans la famille humaine.

Comment accélérer l'éclatement de la famille et la déstructuration de la communauté pour libérer de plus en plus de personnes dans la Vie Universelle ? Le *Up-Winger* qui vit seul est déjà dans le courant dominant planétaire. Mais pour l'*Up-Winger* qui souhaite transvivre avec d'autres et avoir des enfants, une simple ligne directrice peut aider. Vous pouvez démarrer une *mobilia* simplement en vous associant à quelques personnes et en ouvrant votre maison ou votre terrain au monde. Personne ne doit rester dans une *mobilia* plus de quelques jours quelques semaines ou tout au plus quelques mois. Six mois devraient être le maximum. Puis partez. Ne vous enracinez pas. (Alors que les gens deviennent de plus en plus transplanétaires, ce délai deviendra superflu. Les *Up-Wingers* eux-mêmes ne voudront pas rester longtemps dans un endroit ou avec un groupe). Vous pouvez vous déplacer vers une autre *mobilia* dans la même communauté ou vers une *mobilia* à travers la planète. Vous pouvez toujours revenir à une *mobilia*. Bien sûr, ce ne sera plus jamais pareil car tout le long de nouvelles personnes transvivront. Dans ces premiers stades de la Vie Universelle, vous devez vous efforcer de rendre la *mobilia* multinationale et multiraciale. Aidez à démarrer des *mobilias* partout sur la planète. Invitez-y des peuples de nations et de races différentes. Dans ces premiers stades, il peut également être utile d'afficher un panneau à la porte désignant le lieu comme *mobilia*. Le signe peut simplement indiquer *Mobilia* ou *Vie Universelle* ou il peut simplement s'agir d'un symbole tel que le symbole de la paix ou l'insigne des Nations Unies. Il s'agit d'aider les gens, en particulier ceux qui viennent d'endroits lointains, à trouver des *mobilias*. Chaque *mobilia* devrait également avoir des adresses d'autres *mobilias*. Espérons qu'à un stade ultérieur, tout cela ne sera pas nécessaire. Chaque maison et domaine sera une *mobilia* ouverte sur le monde. Le nombre de personnes dans une *mobilia* varie. Une *mobilia* peut accueillir trois personnes ou trois cents selon la taille du lieu et les commodités. Si la *mobilia* est momentanément pleine les nouveaux arrivants peuvent être dirigés vers d'autres *mobilias*. La *mobilia* doit être ouverte sur le monde non seulement par le flux des personnes qui vont et viennent, mais aussi par d'autres canaux de communication universels tels que la télévision, la radio, le téléphone, le visiophone, l'ordinateur, la télévision bidirectionnelle, le laser de poche, le film, le microfilm, la cassette, la bande vidéo etc... Être sans ces canaux de communication mondiale est autodestructeur et affaiblit les efforts pour surmonter l'insularité de l'ancien monde. Les marchandises de la *mobilia* sont à l'usage de tous. Utilisez-les, appréciez-les, puis laissez-les aux autres pour en profiter. Vous pouvez apporter des choses à la *mobilia*, mais vous ne devez rien enlever. Ma maison, ma chaîne stéréo, mon télescope, ma terre : cette psychologie de la possessivité doit céder la place à notre maison, notre chaîne stéréo, notre télescope, notre terre... Mais même une telle copropriété ne se pétrifie en aucune sorte d'exclusivité. Aujourd'hui, notre *mobilia* est partagée avec un groupe fluide de personnes demain ou la semaine prochaine ou le mois prochain, notre *mobilia* sera une autre partagée avec un autre groupe fluide dans une autre partie de la communauté ou de la planète. — La possession privée de personnes est encore plus répréhensible que la possession d'objets. La *mobilia* ne doit pas accueillir l'entassement des personnes ou de l'amour. L'amour doit être inclusif et non exclusif. À un moment donné, l'individu qui ne pouvait pas s'engager dans une relation exclusive était considéré comme névrosé. A notre époque fluide, c'est précisément l'individu engagé dans une relation exclusive qui est immature. Es-tu amoureuse ? Êtes-vous impliqué ? Es-tu marié ? L'homme de qui es-tu ? La femme de qui ? Vous partez avec quelqu'un ? Ceux-ci sont tous anti-universels. L'individu *Up* a de nombreuses implications, de nombreuses relations, de nombreux amours. Une fois que vous avez dépassé le blocage de l'enfance primitive de l'amour exclusif, vous trouverez l'amour fluide le plus humanisé. Ne cherchez pas quelqu'un à aimer. Cherchez des personnes à aimer. Être amoureux d'une seule personne, c'est être arrêté à un stade infantile de fixation parentale. Être profondément impliqué avec une seule personne, c'est contrecarrer votre potentiel de croissance. Être avec la même personne jour après jour est ennuyeux. La propriété privée des personnes et des biens ne peut être surmontée tant que persiste la propriété privée des enfants. Pour libérer l'enfant, il ne faut pas seulement supprimer la parentalité exclusive. Nous devons également éliminer quelque chose de bien plus fondamental : la procréation exclusive. Créer une nouvelle vie est une décision trop importante pour la laisser à un individu ou à un couple. Le concept de droits individuels en matière de procréation est primitif. Nous avons besoin d'une planification collective, d'une procréation collective, d'une éducation collective des enfants. Dans notre monde rapidement interdépendant, les droits et le bien-être de l'humanité ne doivent pas être subvertis aux caprices des individus. Il n'y a pas si longtemps, les gens croyaient qu'ils avaient le droit de battre leurs propres femmes et leurs propres enfants. Les gens considéraient également qu'il était de leur droit de jeter des ordures de leur propre côté de la rivière ou du lac. Le contrôle des naissances a été dénoncé comme une atteinte au droit de l'individu. De plus, c'est une illusion de croire qu'avoir un enfant est une affirmation de votre droit individuel.

Up-Wingers

Quel droit individuel ? Qu'avez-vous à dire sur le mélange de gènes qui se développe chez un enfant ? Vous voulez une fille, vous obtenez un garçon. Vous voulez un enfant aux cheveux noirs et aux yeux noirs, vous obtenez un blond aux yeux bleus. Tous vous espérez un beau bébé, et là c'est le comble ! Vous ne pouvez même pas déterminer ses dispositions physiologiques intellectuelles et psychologiques. Si vous ou votre compagnon avez des gènes récessifs, pouvez-vous même être sûr que votre enfant sera exempt de maladies héréditaires ? Ou si vous allez avoir un bébé ou si vous avez des jumeaux ou des triplés ? Où donc votre décision, votre soi-disant droit individuel entre-t-elle dans tout cela ? Le nouveau-né est un produit du hasard. C'est un élevage au hasard, impersonnel et arbitraire. Mais les bébés ne sont pas des radis à produire au hasard. Viens, faisons un enfant. Non, faisons trois enfants. Prenons-en quatre. Il est temps que nous arrêtions de traiter la vie humaine comme si elle était une marchandise produite par caprice. La vie humaine est trop précieuse pour être laissée au hasard. Il ne suffit plus de donner aux enfants des environnements adaptés après leur naissance. Nous devons donner à chaque nouveau-né une chance de commencer sa vie avec des gènes sains. C'est là que la qualité de chaque vie humaine est d'abord déterminée. Nous devons diminuer la quantité et augmenter la qualité de vie du nouveau-né. Chaque année, plusieurs millions de bébés naissent avec des anomalies génétiques. Cinquante pour cent de toutes les maladies sont héréditaires. Comment maximiser la participation collective à la création de chaque nouveau-né ? Comment aller au-delà de l'élevage en fanfare et de la parentalité exclusive vers la procréation universelle planifiée ? Il faut commencer par répandre rapidement un nouveau climat moral dans le monde, déromantisant toute la mystique archaïque de la maternité et de la paternité. De même qu'à un moment la procréation hors mariage était stigmatisée, attachons maintenant un stigmate à la parentalité exclusive (entreprise privée chez les enfants). Si deux personnes ont un enfant, ne les comblez pas de félicitations et de cadeaux. Félicitations pour quoi ? Pour leur vanité égoïste ?

Arrêtons de romantiser la parentalité et rendons les gens pleinement conscients de la raison pour laquelle ils ont vraiment des enfants, en particulier à notre époque. Avoir un enfant aujourd'hui est un acte d'égoïsme suprême. C'est l'assouvissement ultime dans le narcissisme. Avoir des enfants est une soumission au conditionnement culturel. La société s'est toujours attendue à ce que les jeunes couples aient des enfants ; ils ont donc toujours des enfants docilement. Lorsqu'une femme dit qu'elle ressent en elle le besoin d'avoir des enfants, elle attribue à la biologie ce qui n'est rien de plus qu'une programmation culturelle. Il n'y a pas de pulsion biologique à se reproduire. Avoir des enfants est une échappatoire à la vie. La femme sait inconsciemment qu'en devenant mère, elle sera dispensée d'exercer un métier en allant dans le monde ou d'être impliquée dans ses problèmes. C'est une justification pratique pour la femme qui se sent incapable de trouver son épanouissement dans les débouchés professionnels, intellectuels ou récréatifs. Avoir des enfants agit comme un bouclier contre le monde d'une autre manière encore. En ces temps fluides où l'on n'est plus sûr de s'accrocher à un mari ou à un amant, un enfant apporte une source de sécurité ou d'enracinement. « Les hommes vont et viennent » est le raisonnement inconscient ; on ne peut pas compter sur eux. Mais voici le seul amour qui est le mien et le mien seulement. Avoir des enfants, c'est pouvoir. À la fois puissance économique et militaire. Aujourd'hui pouvoir psychologique. Voici des vies dépendantes sans défense que vous pouvez contrôler et manipuler. C'est gratifiant pour un homme ou une femme avec une mauvaise image de soi. Avoir des enfants est considéré comme un moyen d'ancrer un mariage ou une liaison. Les enfants ont traditionnellement été considérés comme des adhésions entretenant des relations. Cela ne fonctionne plus. De nos jours, les enfants rompent plus souvent les engagements. Ce sont quelques-unes des raisons pour lesquelles les gens se sentent toujours poussés à avoir des enfants. À une certaine époque, les raisons n'avaient pas d'importance, maintenant elles ont en. Nous devons faire prendre conscience que les gens peuvent désormais trouver l'épanouissement et l'amour de nouvelles manières, par exemple en s'impliquant dans la Famille Universelle : les enfants et les adultes qui sont déjà là. Au lieu de vous faire plaisir d'avoir un enfant, faites-vous plaisir en voyageant. Ne nourrissez pas votre narcissisme. Nourrissez les affamés du monde. Vous ne pouvez pas guider les autres pour désamorcer l'explosion démographique si vous l'alimentez vous-même. Le monde est encore plein d'enfants non nourris, non logés et non aimés. Ils sont maintenant vos enfants. Pour assurer une participation collective à la planification, à la création et à l'éducation de la vie du nouveau-né, chaque pays doit immédiatement créer des Centres de l'Enfance. Quelques pays européens l'ont déjà fait. Ces centres doivent être coordonnés avec un Centre mondial de l'enfance, peut-être un UNICEF[11] modernisé. Au fur et à mesure que les individus atteignent l'adolescence ou le début de l'âge adulte, ils doivent être encouragés, voire obligés, à déposer leur sperme ou leurs ovules et leurs cellules corporelles dans les centres pour enfants. Ou dans les Banques de sperme, Banques d'œufs, Banques de cellules supervisées par les Centres de l'Enfance. Au Centre de l'Enfance, un groupe de spécialistes composé de généticiens, biologistes, gynécologues, spécialistes des sciences sociales et autres diagnostiquent chaque cellule sexuelle pour déterminer son état génétique et étudient également l'histoire psychologique, intellectuelle et physiologique de chaque donneur et de son ascendance. Ce groupe conseille ensuite quels spermatozoïdes et ovules sont génétiquement les mieux adaptés pour produire une nouvelle vie. Les cellules sexuelles sélectionnées proviennent de femmes et d'hommes d'âges différents, de générations différentes, de nationalités, de races, de types

---

[11] *United Nations International Children's Emergency Fund* : Association de défense des droits de l'enfance fondée par l'ONU en 1946.

physiologiques différents. Les donneurs eux-mêmes peuvent être décédés ou octogénaires ou vivre loin. Les gens ne sont jamais informés si leurs cellules sexuelles ont ou non été sélectionnées pour la reproduction. Au Centre de l'Enfance, un autre groupe composé de démographes, d'écologistes, de spécialistes des sciences sociales et d'autres, à l'aide d'ordinateurs, conseille régulièrement le rythme auquel le pays et le monde peuvent accueillir confortablement la vie des nouveau-nés. Sur la base de ces évaluations, un certain nombre de cellules sexuelles sélectionnées sont fécondées. Les ovules fécondés sont ensuite implantés dans le ventre des femmes qui souhaitent porter des bébés et qui ont déjà été examinées et approuvées par le Service de Conseil Génétique du Centre de l'Enfance. Plus tard dans le futur moyen, les œufs fécondés ne seront cultivés que dans des utérus sans chair, dans des conditions idéalement contrôlées pour maximiser les chances de créer les bébés les plus sains. Et de libérer les femmes de l'épreuve primitive de porter des bébés pendant neuf mois. Plus tard encore, les cellules corporelles stockées peuvent également être soigneusement examinées par les centres pour enfants afin de décider lesquelles sont les mieux adaptées au clonage d'une nouvelle vie. Le nouveau-né passe les cinq à dix premières années de sa vie dans des foyers pour enfants. Un programme universel d'échange de bébés peut permettre aux bébés de grandir dans différents centres d'accueil pour enfants de la planète. Chaleureux, gais, confortables, ces centres sont ouverts aux hommes et aux femmes qui souhaitent être avec des enfants. Tous les efforts sont faits pour offrir aux enfants le maximum d'opportunités d'avoir des relations amoureuses (mais non fixatrices) avec de nombreuses femmes et hommes. Pour libérer l'enfant et l'aider à grandir sans possession et sans possession, il doit être conditionné dès son premier jour hors de l'utérus pour développer un sentiment de sécurité à partir de relations non exclusives avec de nombreuses mères et pères. Ce modèle doit ensuite persister pendant l'enfance et l'adolescence. Aucun enfant n'appartient à personne. Tous les enfants appartiennent à tout le monde. De qui es-tu l'enfant ? Combien de frères et sœurs as-tu ? Combien d'enfants avez-vous ? Toutes ces questions deviennent inutiles. Tu es l'enfant de tout le monde. Le frère et la sœur de tout le monde. Le parent de tout le monde. Lorsque l'enfant a environ huit ou dix ans, le Centre de l'Enfance le place dans une *mobilia* et jusqu'à ce que le jeune ait environ quinze ou seize ans, les centres continuent à surveiller son développement, facilitant les déplacements du jeune d'une *mobilia* à l'autre. Bien sûr, tout cela se fait avec la collaboration des peuples au sein des différentes *mobilias*. Le Centre Mondial de l'Enfance contribue également à faciliter les déplacements des jeunes autour de la planète. Par la suite, le jeune est tout seul. Il peut se déplacer seul ou transmobilier. Ce jeune n'appartient à aucun groupe familial ou nation spécifique de parents. C'est un enfant du monde chez lui partout appartenant à toute l'humanité.

Il y a plus d'un siècle, les marxistes ont lancé une révolution pour corriger les injustices socio-économiques. Aujourd'hui, nous lançons un bouleversement plus ambitieux pour réparer les injustices biologiques plus fondamentales et les systèmes familiaux monopolistiques qui sont à la base des torts socio-économiques. Les approches communautaires de l'éducation des enfants dans certains États socialistes et la tendance actuelle aux garderies aux États-Unis ne corrigent pas les défauts fondamentaux. La communauté ou la multiparentalité doit commencer au stade prénatal et persister à temps plein tout au long de l'enfance. Nous devons décider ensemble du nombre de nouvelles vies que le monde peut accueillir chaque semaine, chaque mois, chaque année. Nous devons participer ensemble à la procréation en utilisant nos cellules sexuelles les plus saines. Nous devons être impliqués ensemble dans l'éducation des enfants. Tout cela n'était pas possible à une époque. Aujourd'hui, la révolution biologique et la nouvelle mobilité mondiale rendent tout cela accessible. Nous devons nous contenter de rien de moins que la procréation universelle planifiée. Paternité universelle. Vie universelle. Ne soyez pas un puriste biologique. Ne soyez pas un monopoleur psychologique. Que chaque nouveau-né ait la meilleure base génétique disponible. Que chaque nouveau-né appartienne biologiquement et socialement au monde entier. Ce n'est qu'alors que nous pourrons mettre fin aux monopoles primitifs tels que ma propre mère, mon propre père, mon propre frère, ma propre sœur, mon propre enfant, mon propre peuple... Ce n'est qu'alors que nous pourrons mettre fin au caractère destructeur de l'amour exclusif et à la fragmentation de notre monde en groupes exclusifs de sectes nations. Ce n'est qu'alors que tous les hommes et toutes les femmes pourront être vraiment frères et sœurs.

Up-Wingers

Au-delà des écoles : la télé-éducation universelle

La seule façon de moderniser nos systèmes éducatifs est de supprimer les écoles. L'école est aussi obsolète que la famille. Comme la famille, l'école est intrinsèquement conservatrice, insulaire, structurée. Cela renforce bon nombre des problèmes auxquels l'individu est confronté chez lui : exclusivité, concurrence, fragmentation. L'école est un système axé sur le livre. Cela n'a aucun sens à notre époque électronique. Le système scolaire est orienté vers un monde plus lent, plus structuré. Dans notre monde en évolution rapide, au moment où les jeunes ont obtenu leur diplôme, une grande partie de ce qu'ils ont appris est dépassée. L'école est fondée sur la stabilité et la continuité de la communauté. Elle n'a pas sa place dans notre monde, de plus en plus fluide et discontinu. Le système scolaire ne peut pas accueillir les élèves qui se déplacent. Ils sont considérés comme de mauvais élèves. Or, ce sont précisément les mobiles qui sont aujourd'hui en phase avec un monde lui-même en mouvement.

Partout sur la planète, nous construisons fébrilement de plus en plus d'écoles, collèges, universités. Au fur et à mesure, ces écoles deviennent superflues. Un nouveau concept d'éducation remplace progressivement le système scolaire. Où se pratique cette nouvelle conception de l'éducation ? Où peut-on le trouver ? Il peut être trouvé partout. C'est tout autour de vous. C'est ce qu'on appelle la télé-éducation universelle : voyages, télévisions, transistors, radios, téléphones satellites, visiophones, films, microfilms, cassettes, ordinateurs, publications internationales, télé-sessions, téléjournaux, satellites de communication, groupes de rencontre, *mobilias*, voyages... C'est la nouvelle éducation. C'est le mouvement éducatif qui connaît la croissance la plus rapide au monde. Les jeunes d'aujourd'hui sont plus informés que jamais précisément grâce à la communication universelle. Pas à cause des écoles. Les écoles les retiennent en fait, elles contrecarrent leur potentiel de croissance plus rapide. L'éducation est devenue trop grande pour les salles de classe et les écoles. Nous avons dépassé le système scolaire. L'éducation comme la famille se développe en un processus universel spontané non structuré. La planète entière est maintenant une école.

Mais les gens ne peuvent toujours pas reconnaître ce nouveau concept d'éducation à sa juste valeur. Certains critiques et lecteurs ont été troublés par mon affirmation dans *Optimism One* selon laquelle nous n'avons pas besoin d'écoles, mais de plus en plus de satellites de communication et de voyages. Les gens sont toujours fixés sur la vieille hypothèse selon laquelle l'éducation est obtenue dans des salles de classe avec des enseignants, des élèves, des manuels, des programmes. Que tout le reste n'est pas sérieux. Le concept de Télé-éducation Universelle est dérangeant, car il n'a pas de structure. Après tout, où sont les écoles ? Demandent-ils. Quels sont les cursus ? Quel genre de diplômes ? Où vous rencontrez-vous tous ? La même vieille histoire de soif de structures. Là encore, c'est la peur de lâcher les structures qui freine les progrès.

Dans les communautés modernes, les éducateurs libéraux veulent encore moderniser le système scolaire. Donner aux élèves plus d'autonomie, demandent-ils, plus de voix dans toutes les affaires scolaires. Ne pas mettre l'accent sur les notes et les examens. Abandonner le système de conférence. Encourager les discussions informelles ouvertes. Utiliser des machines à enseigner, etc... Ces réformes sont considérées comme progressistes. Je ne doute pas qu'elles améliorent le système scolaire. Mais le fait est que le système lui-même est intrinsèquement conceptuellement non moderne et que, par conséquent, ces soi-disant réformes progressistes sont relativement superficielles, ce sont des mesures au coup par coup.

Dans les communautés arriérées aussi, des ressources précieuses comme le temps ou l'énergie sont gaspillées à construire des écoles et à mettre l'accent sur l'alphabétisation, la lecture et l'écriture. Les premiers pays industrialisés sont obsédés par la construction de nouvelles écoles. De plus en plus d'écoles. Les gouvernements de droite comme de gauche sont pris dans cet engouement scolaire. Leurs responsables débitent fièrement des statistiques sur le nombre de nouvelles écoles. Cela est considéré comme un *leadership* progressiste. Il est présumé être le moyen le plus sûr et le plus rapide de progresser. Le fait est que ces premiers pays industrialisés prennent un chemin long vers l'avenir. En construisant des écoles, ils adoptent fiévreusement un système archaïque.

Les dirigeants et les éducateurs des premières communautés industrielles ainsi que des communautés industrielles avancées traînent tous les pieds. Ils rampent vers l'avenir à un moment où ils pourraient faire des pas de géant en éduquant plus de gens avec moins d'argent, moins de gaspillage et moins d'efforts.

Up-Wingers

La Télé-éducation Universelle offre une grande avancée. En un tour de main, nous pouvons contourner d'innombrables problèmes : enseignants incompétents ou inadéquats, inégalités entre les élèves (intelligence, talent, personnalité, milieu économique), installations inadéquates, manuels médiocres ou obsolètes, concurrence, tyrannie des examens et des notes, attitudes opportunistes face à l'apprentissage... À l'ère de la communication mondiale et de l'apprentissage instantané automatisé, les écoles sont une absurdité. Plutôt que de gaspiller du temps, de l'argent, à construire des écoles, les gouvernements et les éducateurs doivent déployer vigoureusement les nouveaux potentiels. Voici une ligne directrice. Parrainer de vastes programmes éducatifs à la télévision et à la radio. Une nouvelle école ne peut éduquer que quelques centaines d'élèves à la fois. Une chaîne de télévision peut éduquer tout un pays. Un réseau satellite tout un continent. Un couple de réseaux satellites tous les habitants de notre planète. Mettre en place des systèmes informatiques centralisés permettant aux personnes n'importe où de récupérer n'importe quelle information à tout moment. Fournir des cassettes éducatives gratuites ou peu coûteuses, des kits d'apprentissage et d'autres supports audiovisuels aux enfants et aux adultes pour une éducation instantanée. Jeter les jeunes à travers la planète. Les emmener en bus à travers la ville ne suffit plus. Offrir de nombreuses bourses de voyage pour les enfants. Mettre en place des programmes d'échange d'enfants. Organiser des projets de voyage pour que les enfants voyagent seuls ou en groupe sur toute la planète. Transformer instantanément tous les bâtiments scolaires en Centres de Personnes. Des centres de personnes gais, modernes, transportables ouverts jour et nuit où des personnes de tous âges, de tous horizons et de toutes les régions de la planète peuvent se réunir librement pour se rencontrer, parler, jouer, manger, boire, discuter de projets, utiliser les installations ou simplement s'asseoir et regarder les gens aller et venir. Les centres de personnes devraient avoir des microfilms, des cassettes, des bandes vidéo, des centres informatiques, des studios d'enregistrement et de diffusion, des installations de communication globale, des gymnases, des salles de jeux, des terrains de jeux, des jardins... Les Centres de Personnes complètent la *mobilia* en facilitant la circulation des personnes et des idées et en facilitant la formation technique dans le domaine professionnel lui-même. Par exemple, un étudiant en médecine obtiendra une formation théorique à partir de l'audiovisuel et une formation spécialisée dans des centres de télé-médecine. Un étudiant en astronomie obtiendra une formation supervisée dans un observatoire et des informations théoriques grâce aux appareils programmés... Toi, l'*Up*-individu, peut faire beaucoup pour démanteler le système scolaire et renforcer la tendance vers la Télé-éducation. Sortir de l'école, collège, université. Si vous déménagez, les transmobilias aident à libérer les enfants des écoles. Après avoir abandonné le piège de l'école, vous êtes maintenant plus libre de mettre au point la Télé-éducation. Que vous vous déplaciez seul ou en transmobilité, entourez-vous des moyens de communication les plus modernes. Plus vous en avez, plus vous êtes profondément impliqué dans la Télé-éducation Universelle et la Vie Universelle. En vous ouvrant au monde, vous maximisez les opportunités de grandir et de faire partie de l'humanité. Pour reprendre le vieux jargon, vous êtes alors un « excellent élève » qui fréquente la « meilleure école ». Après avoir abandonné le piège de l'école, vous êtes maintenant aussi plus libre d'organiser des groupes de discussion, des projets de recherche, des séances de jeu, des groupes de rencontre, etc... Cela n'a aucun sens de s'asseoir avec raideur dans des salles de classe formelles alors que vous pourriez vous rencontrer plus confortablement et plus intimement dans une maison, un jardin dans un Centre de Personnes sur une plage sur un bateau, n'importe où. L'interaction sociale à l'école est inévitablement structurée et réglementée. Vous rencontrez les mêmes élèves, les mêmes professeurs jour après jour, pendant des mois, voire des années. Vous suivez tous un cursus académique spécifique avec des objectifs spécifiques, un programme spécifique à des moments spécifiques à un rythme spécifique dans un lieu spécifique. Vous pouvez désormais atteindre une plus grande intimité, variété, spontanéité dans les interactions sociales en rencontrant qui vous voulez, quand et où. L'interaction sociale est plus significative lorsqu'il s'agit d'un processus fluide ouvert. Sortez dans le monde. Sortez. Plus tôt dans la vie, mieux c'est. En insistant sur l'assiduité en classe, le système scolaire immobilise l'enfant à l'étape même de sa vie où il pourrait le plus profiter du voyage. Plus tôt un enfant voyage et vit dans différentes cultures, meilleures sont ses chances de grandir de manière fluide et universelle. Si vous voulez conditionner un enfant à aimer ses semblables, laissez-le aller dans le monde et rencontrer ses semblables.

Up-Wingers

Laissez-le grandir avec eux. Si vous voulez apprendre la géographie pourquoi languir dans une salle de classe pendant des mois ? Voyage. Si vous voulez apprendre l'histoire et l'anthropologie, pourquoi ne pas les vivre directement : dans les musées, les ruines, les monuments, les maisons, les villages, les villes de toute la planète ? Si vous voulez étudier les affaires internationales, pourquoi ne pas vous impliquer dans ces affaires ? Plus vous voyagez, plus vous êtes impliqué dans la télé-éducation. Faites de la planète entière votre école. Chaque personne que vous rencontrez est votre professeur, chaque personne, votre élève. Après avoir abandonné le piège de l'école, vous êtes enfin libre d'apprendre et de grandir à votre rythme. Grâce à l'utilisation de kits d'apprentissage, cassettes, ordinateurs et autres appareils automatisés, vous pouvez désormais apprendre en quelques heures ou quelques jours ce que l'école a mis des mois et des années à vous enfoncer en travers de la gorge. Pourquoi faut-il une année scolaire entière pour enseigner à une personne intelligente que la capitale de la Pologne est Varsovie ou que les dinosaures ont habité la terre à un moment donné ? Pourquoi un enfant qui n'aime pas l'arithmétique doit-il en souffrir alors que les calculatrices de poche et les micro-ordinateurs peuvent maintenant faire les calculs ? Pourquoi un enfant doit-il gaspiller douze ans dans des salles de classe à apprendre péniblement ce qu'il pourrait apprendre beaucoup plus tranquillement et de manière significative avec un kit d'apprentissage et une télévision de poche qui volent partout sur la planète ? Pourquoi gaspiller encore quatre, sept ou douze années à obtenir une « éducation supérieure » que n'importe quelle personne intelligente pourrait intégrer plus tranquillement en un an ou deux ? Pourquoi contrecarrer les potentiels de croissance des gens en les soumettant à des exigences non pertinentes, des examens et des diplômes humiliants ; l'accent mis sur la compétition et les attitudes opportunistes à l'égard de l'apprentissage ; des structures impersonnelles qui ne tiennent aucun compte du rythme des intérêts des aptitudes individuelles ?

L'ensemble du système scolaire est désormais trop lent, trop statique, trop structuré. Il est fondé sur des prémisses et des valeurs dépassées qui ne correspondent pas au rythme et à l'esprit de notre temps. Libérons nos jeunes et nous-mêmes de la tyrannie de l'école. N'ayez pas peur de lâcher prise. Branchez-vous sur la télé-éducation universelle.

Au-delà de l'industrialisme : la télé-technologie

Avant les années 1800, nous avions la technologie féodale : calèches, droschkis[12], caravanes, lampes à gaz, voiliers, esclaves et serfs, petites villes, villages, crieurs publics... Depuis le milieu des années 1800, la technologie industrielle : locomotives à vapeur, bateaux à vapeur, énergie électrique, production à la chaîne, métros, journaux, télégrammes, radios, téléphones, automobiles, avions, villes ... Depuis le milieu des années 1900, la Télé-technologie. Nous sommes maintenant à une transition technologique historique. Tout à coup, tout autour de nous, l'ancienne technologie industrielle s'effondre. Les communautés industrielles avancées d'Europe et des États-Unis souffrent de plein fouet de cet effondrement. Les télégrammes mettent des jours à arriver à destination. Le service de messagerie est lent. Les métros et les trains sont délabrés et peu fiables. Les systèmes d'alimentation électrique échouent. Les voitures bloquent les rues et les autoroutes polluant, ralentissant la mobilité, mutilant, tuant des gens. Les

---

[12] Calèche légère et mobile, originaire de Russie et tirée par un cheval.

grandes villes elles-mêmes sont devenues des ghettos géants, laids, sales, surpeuplés, remplis de catacombes miteuses infestées de rats appelées appartements pour lesquelles les gens paient des sommes exorbitantes. C'est l'effondrement d'une vieille technologie décrépite du XIXème siècle qui n'est plus adaptée aux besoins, aux attentes et aux rythmes de la fin du XXème siècle. Nous devons nous réjouir de cet effondrement.

Cependant, dans les communautés urbaines, on réclame de plus en plus l'amélioration de la technologie. Les gens veulent des voitures qui ne polluent pas. Un service de courrier et de télégramme plus rapide. Plus de centrales à combustibles fossiles pour une électricité ininterrompue. Des métros et des trains qui circulent à l'heure... Ils veulent consolider l'ancienne technologie industrielle. Ils sont comme les gens du XIXème siècle qui voulaient un meilleur service de diligence, des droschkis plus propres, des lampes à gaz plus brillantes, des socs plus grands, des rouets plus rapides, des crieurs publics plus agiles. Eux non plus ne pouvaient pas voir l'émergence d'une nouvelle technologie. Ils se contentaient d'améliorer l'ancienne. La plupart des citadins pensent aujourd'hui dans le même sens. Ils veulent améliorer l'ancienne technologie industrielle. C'est une bataille perdue et coûteuse. C'est du rafistolage. Vous ne pouvez pas régénérer une technologie qui est intrinsèquement obsolète. Les voitures, par exemple, roulaient bien tant qu'il n'y en avait que quelques-unes. Mais des centaines de milliers de voitures coincées dans les rues des villes conçues pour les calèches créent des problèmes fondamentaux qui ne peuvent être résolus en produisant simplement des voitures non polluantes. Les centrales électriques à combustible fossile (charbon, gazole) étaient également adéquates tant que les communautés urbaines étaient relativement petites avec des besoins électriques modestes et tant que les gens vivaient dans de grandes unités familiales utilisant collectivement quelques appareils électriques. Mais la métropole d'aujourd'hui est structurellement dépendante d'une production électrique massive. De plus, nos systèmes sociaux changent, des millions de personnes vivent désormais seules dans des logements privés, chacune bénéficiant de plus en plus d'appareils électriques et de gadgets. Une telle demande énorme et croissante en électricité ne peut plus être satisfaite en construisant simplement plus de centrales électriques conventionnelles. Il est trop évident que nous avons besoin de nouvelles technologies : de nouvelles sources d'énergie, de nouveaux concepts de communication et de transport, de nouveaux concepts d'économie, de nouveaux concepts de communauté.

Les sociétés industrielles avancées, cependant, sont confrontées à deux obstacles majeurs à un passage massif à la nouvelle télé-technologie. Premièrement, le problème colossal du démantèlement de l'ancienne technologie industrielle et de son remplacement par la nouvelle. (J'en reparlerai un peu plus tard). Deuxièmement, les résistances psychologiques et idéologiques aux nouvelles technologies. Ceci est un problème très sérieux. Dans les grandes villes d'Europe de l'Ouest et aux États-Unis, l'hostilité à la technologie est croissante. La colère justifiée contre la vieille technologie industrielle chancelante se généralise en un ressentiment philosophique à l'égard de toute technologie. Trop souvent, ce ressentiment s'atrophie en un purisme de retour à la terre ; une résistance réactionnaire à tout progrès. Aux États-Unis, une partie de ce qui passe pour de la conservation n'est rien de plus que du conservatisme. Il y a de fortes tendances réactionnaires chez certains défenseurs de l'environnement qui vont à l'encontre de la volonté de nettoyer et d'embellir l'environnement. Cette manie anti-technologie n'est pas nouvelle. Il s'inscrit dans un schéma séculaire. Ceux qui reculent devant le progrès ont toujours résisté aux nouvelles technologies parce que les nouvelles technologies induisent invariablement des changements radicaux. Au XIXème siècle, les traditionalistes ont férocement résisté au système ferroviaire. Plus tard, ils ont résisté à la radio : intrusion dans la vie privée, ils ont protesté. L'automobile ? Pourquoi veux-tu aller plus vite ? L'avion ? Si le bon dieu voulait que nous volions, il nous aurait donné des ailes. Cela a maintenant été mis à jour, si le bon dieu ne voulait pas que nous pilotions des jets, il ne nous aurait pas donné d'hélices. Chaque technologie émergente, chaque percée scientifique précipite des résistances et des peurs exagérées. Les gens se fixent invariablement sur les pires possibilités en ignorant complètement les avantages potentiels. Nous devons être vigilants pour nous assurer que les nouvelles technologies ne fonctionnent que pour le mieux. Le souci de notre environnement peut être une vigilance positive. Mais nous ne devons jamais laisser cette vigilance s'atrophier en une résistance au progrès.

Les premiers pays industrialisés sont confrontés à un autre type de problème. Ils deviennent fous en important de la technologie. Mais quelle technologie importent-ils ? L'ancienne technologie industrielle. Des voitures, de plus en plus de voitures. Bus, trains, métros, bateaux à vapeur, centrales à combustibles fossiles, étalement urbain... Ils pensent qu'ils se modernisent. Dans leur empressement, ils s'encombrent précipitamment d'une technologie archaïque du XIXème siècle. C'est aussi absurde que leurs efforts de modernité culturelle. Dans leurs tentatives de faire progresser la culture, les dirigeants et les intellectuels en Asie, en Afrique et en Amérique latine construisent à la hâte des opéras, des théâtres, des salles symphoniques et des galeries d'art. Du coup, c'est devenu chic d'aller au théâtre et d'accrocher des tableaux partout dans la maison. Ils singent fiévreusement d'anciennes formes d'art en s'imaginant qu'elles sont désormais modernes. Importer la technologie du XIXème siècle est bien sûr beaucoup plus sérieux. D'abord parce que la progression est ralentie. Ensuite, parce que dans cinq ou dix ans, ces pays seront aux prises avec bon nombre des problèmes qui affligent actuellement les communautés industrielles avancées : pollution, services publics surchargés, rues et autoroutes encombrées, accidents mortels, délabrement urbain. Déjà nombre de ces problèmes commencent à se faire sentir dans les grands centres urbains d'Asie, d'Afrique, d'Amérique latine. Les premiers pays industrialisés peuvent prendre des raccourcis vers l'avenir en adoptant non pas l'ancienne technologie industrielle, mais la télé-technologie émergente. Ils ont l'avantage de ne pas avoir à démonter d'abord la pieuvre géante de la technologie industrielle. Ils peuvent passer de la technologie féodale tardive à l'ère post-industrielle.

Toutes les nations, qu'elles soient industrielles avancées ou précoces, doivent faire des plans pour entrer rapidement dans l'ère des télé-sphères. Voici les lignes directrices. Les Nations Unies doivent mettre en place immédiatement un Conseil technologique universel. Ce conseil doit comprendre des technologues, des ingénieurs des communications et des transports, des urbanistes, des architectes, de l'ère informatique, des cybernéticiens, des sociologues, des psychologues, des économistes, des politologues, des écologistes, des penseurs visionnaires. Ces membres du Conseil doivent être familiers avec la télé-technologie et jouir d'une réputation dans leur domaine en matière de vision et d'innovation. Chaque pays ou bloc régional, qu'il soit industriel avancé ou précoce, doit également créer immédiatement un Conseil technologique. Si un pays ou un bloc à l'industrialisation précoce ne dispose pas de planificateurs de télé-sphère compétents, il peut en engager quelques-uns du Conseil Technologique

Universel (*Unitec*). Trois ou quatre de ces planificateurs peuvent aider à établir un conseil technologique dans une région en développement, le familiariser avec les nouvelles tendances et le catalyser vers de nouvelles directions. — Le Conseil Technologique Universel ainsi que les Conseils Nationaux et Régionaux à l'aide d'ordinateurs doivent ensuite procéder à l'élaboration des plans. Des projections clairvoyantes des tendances dans les dix, vingt, trente, quarante prochaines années. Par exemple, les nouvelles techniques de procréation, le célibat, les *mobilias*, l'augmentation de la fluidité et des loisirs, la montée des transnationales et des blocs régionaux, le mondialisme, les voyages dans l'espace... Sur la base de ces projections et d'autres, le Conseil technologique doit ensuite élaborer des plans d'application des nouvelles technologies. Cela appellera une mobilisation de grande envergure. Quelles sont certaines de ces technologies ?

Transport. Au sein des communautés : navettes automatisées, monorails automatisés, hélicoptères, *solofly*[13] (mieux connues sous le nom de ceintures-fusées, maintenant utilisées aux États-Unis et au

---

[13] On peut ici rapprocher le fonctionnement du *solofly* de celui du *jet-pack*.

Up-Wingers

Canada pour sauter des montagnes ou voler sur de courtes distances). *Hover-trains*, *hover-planes*, *hover-crafts*, *hover cargos*, *hover boats*, *hover yachts*, tous utilisant le principe du coussin d'air. Certains véhicules en vol stationnaire sont déjà utilisés. Trains magnétiques flottant au-dessus des voies magnétiques à environ 600 km/h. Véhicules automatisés circulant sur des voies de guidage automatisées au sein des communautés ou entre les communautés à travers les continents. Bus héliportés, navettes héliportées, patrouilles héliportées, ambulances héliportées, déménageurs héliportés, livraisons héliportées, visites héliportées sur les toits et les jardins... Avions supersoniques et hypersoniques pour les voyages longue distance. À l'heure actuelle, il est possible de voyager de Paris à New York de porte à porte en deux heures. Vous volez en hélicoptère de Paris à l'aéroport d'Orly. Supersonique à travers l'océan. Hélicoptère de l'aéroport Kennedy à New York. Vous quittez Paris à 17h. Arrivée 13h à New York, arrivée quatre heures avant votre départ. Des avions hypersoniques projetés pour les années 1990 fileront n'importe où sur la planète en moins d'une heure. Des navettes spatiales pour transporter les gens entre la terre et les astrocolonies.

Up-Wingers

Les communications. Lasers de poche, téléphones laser, téléphones de poche, photophones, visiophones, téléphones satellites. Ceux-ci contribueront à bouleverser la communication interpersonnelle. Télévision bidirectionnelle, télévision en circuit fermé, télévision avec arrêt sur image, télévision tridimensionnelle, téléjournal, transmission internationale de télécopies et de photos, télémédecine mondiale. Patrouilles télévisées. Ces yeux TV déjà déployés dans quelques villes américaines, seront placés aux carrefours et aux intersections. Vous allumerez votre téléviseur et regarderez des activités dans n'importe quelle communauté de la planète. Voyons ce qui se passe à Trafalgar Square. Regardons les promeneurs sur la Rue du Peuple à Pékin. Passez à Rome et voyez si les cafés de la Via Veneto sont bondés... Ordinateurs portables. Déjà disponible et en expansion. Pour communiquer avec des particuliers, récupérer des informations auprès des services informatiques centraux, prendre en charge les tâches ménagères, courses, travail de bureau... Le synthétiseur vocal de l'ordinateur vous lit à partir de documents imprimés. Services Informatiques Centraux. Accessibles à tous à toute heure du jour ou de la nuit par visiophone, téléphone satellite, TV bidirectionnelle ou ordinateur pour obtenir ou transmettre des informations sur à peu près n'importe quoi. Par exemple, les conditions météorologiques dans n'importe quelle partie de la planète. Les S.I.C. dans les centres de télé-médecine fourniront des informations instantanées sur les antécédents d'un patient ou fourniront des diagnostics rapides. Les S.I.C. au siège national régional et de l'ONU organiseront des référendums instantanés sur des questions communautaires et mondiales. Réseaux de communications par satellite. Dans les années 1990, il sera possible d'atteindre presque tous les hommes, femmes et enfants de la planète. Et pour entendre n'importe qui n'importe où via téléphone satellite, visiophone, vidéolaser, vidéo satellite, ordinateur satellite. Les projections ci-dessus sont illustratives et ne montrent que certaines des technologies dans les années à venir. (Pour un aperçu détaillé des technologies postindustrielles, voir mon livre *Telespheres*). Je le répète, nous sommes au début d'un changement technologique historique. La télé-technologie est une nouvelle dimension dans la vie humaine. Il s'agit d'une technologie qui peut atteindre la lune en neuf heures. Envoyez des messages à travers la planète en quelques secondes. Effectuez des calculs astronomiques en quelques microsecondes. Effectuer des tâches physiques, mentales et managériales. La télé-technologie est mondiale, impliquant tout le monde et toutes les facettes de la vie. Famille, mariage, école, travail à temps plein, gouvernement bureaucratique, ville, nation, ce sont tous des systèmes féodaux/industriels. Ils étaient viables tant que nous avions des technologies féodales/industrielles. Ces systèmes ne peuvent pas survivre et ne survivront pas sous les télé-technologies émergentes. Ils sont trop structurés trop fragmentés trop lents trop enracinés. La télé-technologie va générer ses propres styles de vie. Refaire tous les aspects de la vie. Malheureusement, le passage des anciennes technologies aux nouvelles progresse désormais de manière fragmentaire et non coordonnée. Nous nous promenons dans le futur. Résultat : décadence, pollution, souffrance, modes de vie archaïques. Notre planète entière est maintenant conceptuellement dans une nouvelle ère. Nous avons besoin de toute urgence de conseils technologiques visionnaires, d'une planification visionnaire, d'une mobilisation massive d'efforts et de ressources pour accéder rapidement aux merveilles de l'ère des télé-sphères.

Au-delà des villes : les communautés instantanées

Quelles sont les plus belles villes du monde ? Paris, Rome, Londres, Copenhague, San Francisco, Rio de Janeiro, telles sont les villes les plus souvent citées. Autres favoris : Kyoto, Bangkok, Adélaïde, Jérusalem, Le Caire, Athènes, Leningrad, Budapest, Vienne, Venise, New York City, Mexico City... Nous sommes tous tellement soumis à un lavage de cerveau par les valeurs et l'esthétique de l'ancien monde que nous ne pouvons absolument pas voir la laideur de toutes ces villes. Une maladresse qui nous saute aux yeux. En fait, plus une ville est sale et terne, plus les gens semblent l'admirer. Mais qu'y a-t-il de si beau dans Paris, Londres, Vienne ? Qu'y a-t-il de si beau dans les rues étroites et sombres sans soleil ? Des cathédrales austères et sombres ? De vieux bâtiments ternes avec des chambres et des couloirs sombres infestés de cafards ? De vieilles boutiques décrépites remplies de bric-à-brac ? Bâtiments d'usine sombres et quartiers industriels en décomposition ? Nous avons subi un lavage de cerveau pour voir la beauté dans la laideur, la modernité dans la misère, la culture dans la vieillesse, le charme esthétique dans la grisaille et l'uniformité. Nous ne voyons pas que ce sont les habitants des grandes villes qui sont relativement modernes, pas les villes elles-mêmes. Ne blâmons pas la technologie moderne et le progrès pour l'effondrement et la grisaille des grandes villes. Ce ne sont pas des villes modernes. Elles sont toutes gériatriques. En fait, celles que nous considérons comme les plus beaux, Paris, Vienne, San Francisco, sont parmi les plus disgracieuses. Mais tant que nous continuerons à croire que nos villes sont belles et à considérer les vieilles villes délabrées comme des modèles, nous continuerons à nous envenimer dans des modes de vie archaïques. Il est absurde de se plaindre des ghettos alors que chaque ville n'est plus qu'un grand ghetto. Il est absurde de réclamer une vie meilleure, plus sûre et plus civilisée tant que nous continuons à languir de contentement dans ces villes elles-mêmes intrinsèquement déshumanisantes. Les gouvernements peuvent continuer à déverser des millions pour renouveler les villes. Ils ne font que gaspiller de l'argent et de l'énergie. Ces villes anciennes ne peuvent être réhabilitées. Elles ne peuvent pas être modernisées. La rénovation urbaine est une farce colossale. Toutes nos villes sont obsolètes. Le concept même de ville est obsolète. Londres, Paris, New York sont des villes conceptuellement médiévales. Construites pour accueillir des calèches, des lampes à gaz, des petits magasins de quartier, une vie féodale axée sur la famille, la religion, le travail. Même nos quelques villes du XXème siècle comme Los Angeles et Brasilia sont conceptuellement archaïques parce qu'elles aussi ont été construites sur les prémisses de technologies plus anciennes. Toutes les villes existantes doivent disparaître. Elles sont tous trop arriérées et déficientes. Trop enracinées dans les valeurs technologiques et les institutions de l'ancien monde : églises, temples, mosquées, châteaux, rues et ruelles, écoles, usines, prisons, abattoirs, cimetières...

Il est trop coûteux et perturbateur de démolir les villes et de repartir sur les mêmes sites avec de nouveaux concepts de communauté. Il faut commencer par fermer des quartiers entiers de nos villes (comme le font actuellement les Chinois à Pékin). Ensuite, dans des délais spécifiés, fermez complètement les villes. Nous n'avons pas besoin de les abattre. Laissez-les intactes en tant que villes-musées pour les touristes à visiter et les historiens à étudier. Nous parlons de la préservation des repères historiques dans les villes. Les villes elles-mêmes sont désormais des monuments historiques. Nous devrions les laisser telles quelles et partir. Jérusalem, Damas, Athènes, Paris, Londres, New York, Tokyo et d'autres vieilles villes sont historiquement trop précieuses pour être démolies. Nous devons préserver au moins certaines des villes. Actuellement, au nom de la modernisation, nous démolissons les villes petit à petit. Le résultat est que nous n'avons pas les paramètres du XXIème siècle et que nous ne préservons pas les caractères immaculés des villes. Nos villes sont toutes trop vieilles pour être démolies, trop vieilles pour y vivre. Elles n'ont plus de valeur que comme musées. Les musées peuvent être intéressants à visiter, mais pas pour y vivre.

Nous vivons dans une nouvelle ère et avons besoin de nouveaux concepts de communauté : spacieuses, mobiles, instantanées, joyeuses, mondiales. Chaque pays ou bloc régional doit immédiatement mettre en place au moins une communauté instantanée. Cela peut servir de catalyseur pour lancer une tendance à s'éloigner des villes vers de nouveaux concepts de communauté. Aucune tentative ne doit être faite pour transformer une ville existante en une communauté instantanée. De nouvelles communautés doivent être planifiées et mises en place selon de nouveaux concepts et sur de nouveaux sites. La communauté instantanée doit avant tout refléter et accueillir les nouvelles mobilités. Une communauté entière de plus de cent-mille personnes peut désormais être créée en moins de six mois. Cela peut durer quelques mois ou quelques années, puis toute la communauté peut être démantelée ou déplacée. Une tendance a commencé vers les maisons mobiles et les communautés. Par exemple, plus de cinquante pour cent des nouveaux logements aux États-Unis comprennent des maisons mobiles. Les villes de tentes, les villes mobiles, *Disneylands*, les foires et festivals mondiaux ; ce sont les précurseurs des communautés instantanées. Rapidement assemblés, ils mettent l'accent sur le mouvement et le plaisir. La plupart des plans de nouvelles communautés sont basés sur les prémisses de l'ancien monde de permanence et d'enracinement. C'est l'erreur centrale de ces plans. Ils ne tiennent pas compte de l'explosion de la mobilité des personnes et des systèmes sociaux. La communauté instantanée ne doit donc intégrer que les concepts de construction les plus récents. Cela signifie pas de pierres, briques, acier ou béton. Pas de fondations. Rien de statique, permanent ou enraciné. Rien qui ne restera assez longtemps pour se décomposer, se corroder ou dégénérer en ghettos et immeubles. La communauté instantanée ne doit avoir que des habitations instantanées. Habitations colorées légères et robustes en aluminium, fibre de verre, plexiglas, plastique et autres matériaux synthétiques modernes. Ces maisons instantanées sont très flexibles et maniables. Appuyez sur un bouton et vous faites pivoter toute la maison, inclinez-la à différents angles pour capter la lumière du soleil ou le clair de lune, faites-la flotter ou voler. Ces habitations instantanées ont une grande variété de couleurs et de formes de conception. Elles peuvent être transportées prêtes à l'emploi ou emballées par hélicoptère vers les sites souhaités. Facilement assemblées, facilement agrandies et tout aussi rapidement démontées ou transplantées. Les maisons à bulles peuvent également être instantanément emballées, déballées et gonflées.

La communauté instantanée doit combiner les plus beaux aspects de la nature avec les nouvelles télé-technologies et les modes de vie libérés. La communauté instantanée peut être installée dans une vallée verdoyante, un désert près d'une montagne sur un lac ou une mer, quelle que soit la topographie souhaitée. Même l'espace extra-atmosphérique. Beaucoup de nos nouvelles communautés seront en fait dans l'espace. Nos stations spatiales actuelles évolueront bientôt vers d'énormes astro-colonies. D'ici quelques années, des milliers d'hommes et de femmes occuperont les Communautés Spatiales. Certains des concepts, conceptions et matériaux pourraient être utilisés dans nos communautés instantanées ici sur Terre. La communauté instantanée doit jouir de la liberté d'une météo contrôlée. Les dômes à bulles peuvent flotter pour protéger des parties de la communauté de la pluie, de la neige ou du soleil brûlant. Par exemple, si les gens sont à la plage, pourquoi permettre à une averse soudaine de saboter le plaisir ? Si les nuages ne peuvent pas être facilement dispersés, faites flotter le dôme à bulles transparent au-dessus de votre tête. À un stade ultérieur, les communautés bénéficieront également de satellites solaires pour allumer instantanément la lumière du soleil à toute heure de la nuit ou du jour. Nous régulerons la météo dans nos communautés aussi facilement que nous régulons actuellement la température dans nos maisons. La communauté instantanée sera largement automatisée et donc dépendante d'une énergie abondante. Les complexes solaires et les *Nuplex* (complexe énergétique nucléaire) situés à l'extérieur de la communauté ou sur des plates-formes flottantes peuvent fournir une énergie abondante et bon marché. Ils fourniront également de l'énergie à l'agriculture et à l'industrie cybernétique, aideront à recycler les déchets, dessaleront l'eau... La communauté instantanée doit assurer une marge de manœuvre suffisante. Je ne suis pas favorable au concept de mégalopole ou de villes gratte-ciel d'un kilomètre de haut. Ils perpétuent les anciens problèmes de congestion et d'environnements asphaltés. La communauté instantanée que je propose ne jette pas et ne doit pas jeter les gens les uns sur les autres. Les nouveaux transports et communications radicalisent nos concepts de distance. Les gens peuvent avoir une grande marge de manœuvre - un espace ouvert et de la verdure sans se sentir isolés. Montez à bord de votre hélicoptère ou du monorail automatisé et rendez visite à des amis dans une autre communauté à une centaine de kilomètres plus rapidement qu'il n'en faut actuellement pour rendre visite à des amis à travers la ville. La communauté instantanée doit uniquement déployer de nouveaux systèmes de transport. Cela signifie pas de voitures, d'autobus, de camions ou de métros. Les rues sont obsolètes. Seul le transport automatisé modulaire est envisageable : navettes, *monocabs*, monorails. Le transport aérien est également important : *solofly*, aéroglisseurs, hélicoptères... Les gens ne se rassemblent pas dans les rues, mais dans les jardins publics, *mobilias*, Centre de Personnes, terrains de jeux, plages... La communauté instantanée doit s'adapter au flux incessant de personnes. Par conséquent, de nombreux héliports attrayants, ports pour navettes, adaports, aéroports dans et autour de la communauté. Ceux-ci auront des cafés, des hôtels, des centres de télévision, des centres informatiques... Les gens viennent de communautés et de continents lointains pour se retrouver puis s'envolent. La communauté instantanée doit également être reliée à la communication mondiale. La communauté instantanée est universelle. Le sens de la communauté existe non seulement au sein de la communauté, mais de plus en plus au sein de la planète entière. L'individu n'appartient pas à une communauté spécifique, mais fait partie de nombreuses communautés ; il est une partie de la planète entière. La communauté instantanée bénéficie de nouveaux concepts d'art. Pas simplement de nouveaux styles d'art. Mais de nouveaux concepts d'art. Cela signifie pas d'opéras, de ballets, de théâtres, de galeries d'art ou de peintures. (Ceux qui souhaitent voir cet art ancien peuvent visiter les anciennes villes-musées). De nouveaux concepts d'art peuvent comprendre des illuminations du ciel, des variations de gigantesques dessins colorés projetés contre le ciel de jour ou de nuit. Mouvements gracieux de personnes et d'objets en apesanteur. Stimulation des centres de plaisir du cerveau permettant à l'individu d'atteindre des visions sublimes des hallucinations des extases. Casques pour la musique électronique de n'importe où sur la planète ou les battements de pulsars des galaxies. Films multidimensionnels et hologrammes. Vidéos en direct de nos vaisseaux spatiaux sculptés glissant à travers les cieux. Écrans d'accueil et écrans extérieurs géants accrochés aux télescopes de la station spatiale offrant les spectacles les plus célestes de tous : des spectacles kaléidoscopiques de l'Univers avec ses galaxies et supernovas en constante évolution, des soleils brillants et des amas d'étoiles, des comètes et des astéroïdes précurseurs. L'art de l'ère spatiale, comme la philosophie de l'ère spatiale, continuera de croître de plus en plus cosmique et transcendant. L'artiste est maintenant aussi obsolète que le prêtre. Les artistes de la nouvelle ère sont avant tout des scientifiques et des visionnaires qui s'efforcent de transcender les nouvelles dimensions du temps et de l'espace. La communauté instantanée doit inclure de nombreuses possibilités de divertissement et de jeu. Terrains de jeux et étangs de baignade en forme de dôme à bulles. Terrains de sport convertibles tous temps. Pas de spectacles violents comme la boxe, la lutte, la tauromachie, le football américain. Ces spectacles perpétuent la glorification pseudo-masculine de la force brute. Les gens qui aiment regarder de telles brutalités sont aussi attardés que les gladiateurs qui s'y livrent. Les communautés instantanées doivent également interdire la concurrence dans le sport. Aucun tournoi ne correspond à des concours. Pourquoi avons-nous besoin de savoir qui est l'humain le plus rapide ? Ou qui est le plus fort ? Ou qui est le meilleur joueur de tennis ? N'importe quel idiot peut courir plus vite. Le taureau le plus stupide est le plus fort. Les gens qui jouent pour gagner veulent exercer leur ego, pas leur corps. Le sport doit mettre l'accent sur le plaisir et non sur la rivalité. Nous n'avons besoin ni de scores, ni de gagnants, ni de perdants, ni de médailles. La seule la récompense est de se réunir pour jouer, la joie du jeu.

La communauté instantanée ne doit pas accueillir les institutions de l'ancien monde qui perpétuent la violence et abritent la mort. Les prisons doivent céder la place aux centres de réhabilitation. Les abattoirs doivent céder la place à des habitudes alimentaires non violentes, manger de la viande est un acte de violence. Les cimetières doivent céder la place aux mesures d'immortalité qui, comme je l'expliquerai plus tard, perpétuent des durées de vie indéfinies. La communauté instantanée doit être largement cybernétique. Ménage et travail de bureau informatisés. Télé-éducation universelle, télé-médecine, télé-agriculture, télé-achat, télé-transport. Cela signifie pas d'hôpitaux encombrants, d'écoles, de magasins, de grands magasins, de fermes. Cela signifie aussi de moins en moins de bureaucratie et de moins en moins de travail. La communauté instantanée doit être fortement orientée vers le plaisir de la mobilité de loisirs. La communauté instantanée doit gérer ses affaires par le biais d'une autonomie directe. Pas par l'intermédiaire de dirigeants ou de représentants. Les systèmes parlementaires, les gouvernements bureaucratiques, les partis politiques, les élections, ce sont des démocraties féodales. La démocratie moderne passe par le référendum universel instantané.

Aujourd'hui, nous avons les ressources et la capacité de mettre en place nos premières communautés instantanées. En créant de tels environnements totaux, nous évoluerons au-delà des vieilles villes en décomposition vers la Vie Universelle.

Up-Wingers

Au-delà de l'économie de la survie : un monde cybernétique de loisirs et d'abondance

Nous sommes tous tellement programmés par des millénaires de lutte pour la survie que même si nous n'avons plus besoin de lutter, nous continuons à le faire. Nos systèmes économiques, nos habitudes de travail, nos valeurs découlent toutes de la lutte séculaire pour la survie. Le capitalisme et le socialisme sont des économies de survie. Ils sont toujours empalés sur la mystique du travail acharné. Dans la plupart des pays du monde, le chômage augmente. Chaque année, des centaines de milliers de diplômés du secondaire et du collégial rejoignent les chômeurs. Comment les gouvernements capitalistes et socialistes font-ils face à ce problème croissant ? Ils ont du mal à fournir des emplois. De plus en plus d'emplois. Le capitalisme et le socialisme ont la manie des emplois. L'Union soviétique et les États-Unis disposent d'une automatisation sophistiquée sur la Lune, sur Mars et sur des stations spatiales effectuant des tâches complexes qui nécessiteraient l'intervention de milliers de personnes. Pourtant, ici sur Terre, ils respectent toujours l'ancienne économie consistant à trouver des emplois pour les gens. Non seulement nos systèmes économiques sont archaïques. Nos valeurs culturelles datent aussi de Cro-Magnon. Nous avons besoin non seulement de nouveaux systèmes économiques, mais aussi de nouvelles valeurs, de nouvelles attitudes envers le travail et de nouvelles dispositions envers les loisirs et le plaisir. Le socialisme et le capitalisme reposent désespérément sur des valeurs puritaines. Travaillez dur, étudiez beaucoup, produisez, produisez. Vous devez travailler, travailler, travailler, travailler. Les difficultés et le travail acharné sont bons pour vous. Ils vous aideront à grandir. Ils aideront votre pays à grandir... Ce lavage de cerveau est si insidieux que les gens ne peuvent pas se détendre même pendant leurs vacances. Vous vous amusez ici sur la plage ? Pas vraiment. Je perds mes vacances. Je n'ai pas lu un seul livre. Je n'ai même pas fait le travail que j'ai apporté du bureau. J'ai perdu toutes mes vacances.

La nouvelle économie n'est pas le capitalisme ou le socialisme ou même le mélange des deux. La nouvelle économie, c'est la nouvelle télé-technologie, l'abondance, le mondialisme, les valeurs libérées. Par exemple, la cybernétique (automatisation informatisée) est une direction entièrement nouvelle pour l'humanité. Le système cybernétique combine le travail mental organisationnel et physique. Il prend des décisions et produit. S'il tombe en panne ou fait des erreurs, il se corrige. Il se reprogramme lui-même. Les Russes avaient ce Lunokhod[14] audacieux sur la lune : faire de la randonnée, escalader des montagnes, descendre des collines, ramasser des rochers, prendre des photos, relayer des films, mesurer des distances, enregistrer des tremblements de lune, dormir pendant les nuits lunaires, se réveiller pour les jours lunaires, communiquer avec la terre, s'arrêtant occasionnellement pour se réparer et ainsi de suite. En 1977, le *Viking Lander* a effectué de nombreux tests biologiques sophistiqués sur la lointaine planète Mars. Aujourd'hui même, nous pourrions avoir de tels systèmes télé-cybernétiques effectuant une grande partie de notre travail ici sur terre également. Dans des domaines en développement tels que le programme spatial, le tourisme mondial, les transports mondiaux, les services hôteliers internationaux, les systèmes de cartes de crédit, la construction, les paris hors-pistes, de moins en moins de personnes gèrent de plus en plus de travail grâce à une télé-informatisation poussée. Cette technologie pourrait être utilisée dans bien d'autres domaines : le développement de l'énergie solaire illimitée, la production d'aliments illimités,

---

[14] Il s'agit d'une automobile télécommandée déployée à la surface de la Lune par la Russie au cours de la mission éponyme.

l'éducation globale... Si nous mobilisions cette nouvelle télé-technologie, nous pourrions en dix ou quinze ans éliminer la pauvreté dans le monde. Si nous mobilisions notre nouvelle technologie, nous pourrions d'ici cinq à dix ans libérer des millions de personnes riches et pauvres de l'esclavage du travail perpétuel.

Tout cela semble trop beau pour être vrai. De quoi faire frissonner n'importe quel politicien de droite ou de gauche avec des affres de culpabilité. Je ne vois pas d'économistes capitalistes doctrinaires ou socialistes s'affranchir des blocages des siècles pour se lancer dans la nouvelle économie des loisirs et de l'abondance. En fait, le socialisme et le capitalisme, les deux grands systèmes économiques de notre époque, n'ont même pas les cadres idéologiques pour cybernétiser l'ensemble de leurs économies. La cybernétisation est une excroissance de la technologie moderne. Pas du socialisme ou du capitalisme. Ce n'est que maintenant que les gouvernements soviétique, américain et chinois se lancent à la hâte dans des programmes d'urgence pour faire place aux ordinateurs. Aucun n'a encore formulé de plans à long terme pour une télé-cybernétisation massive. La télé-cybernétisation se répand malgré le socialisme et le capitalisme. Les gouvernements capitalistes et socialistes des pays industriels avancés et des premiers pays industriels doivent immédiatement mettre en place des conseils postindustriels. Composé essentiellement d'informaticiens, cybernéticiens, économistes visionnaires, spécialistes des sciences sociales pour mettre en œuvre les nouvelles télé-technologies et valeurs. Un tel passage total de l'ancienne économie à la nouvelle entraînera des formulations entièrement nouvelles sur l'emploi, la productivité, le revenu, le budget, les habitudes de travail, les loisirs. Les premières économies industrielles, capitalistes et socialistes, sont axées sur l'industrialisation. Il s'agit désormais d'un chemin long et lent, et non d'un raccourci vers l'avenir. Ces économies peuvent désormais faire des pas de géant en évitant à l'industrialisme de se lancer dans autre chose plutôt que dans les télé-sphères. Le socialisme et le capitalisme sont toujours obsédés par l'élimination du chômage. Aucune mesure économique, aucun programme d'urgence ne peut plus inverser la tendance mondiale au chômage. Rien ne peut plus remplacer les emplois que l'automatisation et la cybernétisation prennent en charge. Il est devenu impératif de diminuer le travail. Ce n'est pas seulement une économie saine, c'est aussi un geste libérateur.

Up-Wingers

C'est le moment de libérer les gens du travail. Plutôt que de se creuser la cervelle pour créer de l'emploi, les économistes devraient désormais élaborer des plans pour créer des loisirs. La cybernétisation signifie non seulement de moins en moins de travail, mais aussi une plus grande liberté dans le travail. Grâce à l'utilisation de télé-ordinateurs, téléphones satellites, télex, téléfax, téléconférences vidéo, les gens peuvent maintenant faire de plus en plus leur travail directement de chez eux ou de la plage. Il n'est pas nécessaire de mettre l'accent sur des horaires de travail rigides ou une présence au bureau rigide. Ne vous déplacez pas pour vous rendre au travail, communiquez par téléphone avec le travail. La nouvelle économie conduit à l'obsolescence constante de l'argent liquide et à l'émergence de systèmes mondiaux de télé-crédit. Ces systèmes permettent aux particuliers et aux entreprises d'effectuer des transactions partout sur la planète sans argent comptant. La nouvelle télé-technologie accélère la montée des sociétés transnationales, blocs régionaux, marchés communs, continentalisme, mondialisme. Nous allons vers une abondance basée non sur la possession exclusive, mais sur l'usage temporaire. Les gens n'ont pas besoin de posséder, mais de louer brièvement des maisons, des jardins, des villas, des yachts, des hélicoptères, des aéroglisseurs, des ordinateurs... Lorsqu'ils séjournent dans une *mobilia*, ils profitent de toutes les commodités existantes (comme dans les hôtels de villégiature aujourd'hui), puis les laissent pour que d'autres puissent en profiter.

La nouvelle abondance supprimera également la nécessité de redistribuer les richesses. Karl Marx, un visionnaire en son temps, n'aurait pas pu imaginer les percées scientifiques monumentales de cette fin de XXème siècle. Ses partisans appellent encore aujourd'hui à la redistribution des richesses. C'est un raisonnement de l'ancien monde. Nous n'avons plus besoin de redistribuer quoi que ce soit. Nous devons développer l'énergie et les ressources illimitées qui s'ouvrent soudainement à nous : l'énergie solaire, l'énergie de fusion, l'énergie hydrogène, les matières premières des océans et de l'espace infini. Vous, l'*Up-Winger*, pouvez faire beaucoup pour aider la tendance vers le nouveau monde des loisirs et de l'abondance. Ne travaillez pas toute votre vie en direct. Si vous travaillez plus de trois ou quatre jours par semaine, quatre ou cinq heures par jour, vous gaspillez votre vie. Ne pas jouer assez, ne pas vivre assez, ne pas grandir. Les loisirs sont créatifs. Jouer ou ne rien faire fait partie de la croissance. La paresse peut être bonne pour vous. Les gens qui travaillent huit heures par jour, cinq jours par semaine, année après année, décennie après décennie, sont des automates. Ils peuvent progresser professionnellement, mais évoluent difficilement en tant qu'humains. Des pans entiers de leur esprit et de leur personnalité restent rabougris. Ils sont unidimensionnels. Mais j'aime mon travail, dites-vous. Le fait est que si tout ce que vous aimez est votre travail, vous limitez vos expériences et vos plaisirs. Votre vie est toujours unidimensionnelle. Envisagez d'autres plans de loisirs/travail, semaine de travail de quatre jours. Semaine de travail de trois jours. Sept jours sur sept jours de repos. Mois après mois de congé. Six mois sur six mois de repos... Pendant des siècles, le cri a été : « Nous voulons des emplois ». Les générations libérées disent maintenant : nous voulons des loisirs. Ne vous soumettez pas à la tyrannie des horaires de travail rigides. Les Occidentaux ont fait de la ponctualité, la rapidité, l'efficacité, une vertu. Ce sont des qualités que nous devons attendre de nos machines. Pas des personnes. Les cultures qui mettent l'accent sur la rapidité et l'efficacité sont tyranniques. Les personnes ponctuelles et efficaces sont dangereuses. Ils ont été réduits à des robots. Révoltezvous contre la tyrannie de devoir traîner votre cadavre hors du lit à une heure précise tous les matins (à cette heure c'est un cadavre) arriver au travail exactement à la même heure repartir exactement à la même heure jour après jour année après année. Une telle précision est une attaque contre votre humanité. Ne gardez pas un emploi. Changez de travail. Soyez fluide. Si vous occupez le même poste depuis plus de deux ou trois ans, sortez de la routine. Vous ne contribuez pas au développement de votre entreprise ni à votre propre croissance. Vous végétez. L'engagement à long terme dans un travail ou même dans une carrière fait partie du monde féodal/industriel structuré. À notre époque fluide, c'est un signe certain de la personnalité statique. Travaillez dans des entreprises de nationalités différentes, de préférence dans des communautés et des pays différents. En vous impliquant dans l'économie mondiale, vous contribuerez à la tendance à l'universalisme et vous vous développerez vous-même en tant qu'universel. Il ne suffit pas que les gouvernements élaborent de nouveaux systèmes économiques. Vous-même devez exiger plus de loisirs, des horaires de travail plus flexibles, plus de mobilité. Vous devez vous-même rompre avec la mystique puritaine du travail acharné. L'assouplissement de nos habitudes de travail primitives ne limitera en aucune façon notre élan vers des niveaux de vie plus élevés. Au contraire, nous pouvons maintenant faire un saut quantique dans un monde d'abondance, de créativité et de loisirs en travaillant moins et en laissant nos machines efficaces et infatigables faire le travail. De moins en moins de personnes travaillant de moins en moins peuvent désormais produire de plus en plus.

Au-delà des nations : le mouvement planétaire

Pour la toute première fois dans l'histoire, nous avons le début d'un mouvement mondial. Ce mouvement prend chaque jour de l'ampleur. Il continuera à se répandre jusqu'à ce qu'il ait touché chaque personne. Ce n'est pas un hasard si le mois dernier, dans votre communauté, les étudiants ont affirmé leurs nouvelles attentes. La semaine dernière, elles se sont propagées aux ouvriers, hier les femmes, aujourd'hui un groupe minoritaire, demain les détenus, puis les militaires, puis le clergé, les transsexuels, les consommateurs... Ce n'est d'ailleurs pas un hasard si la semaine dernière des gens ont revendiqué leurs droits à Tokyo, hier à Ankara, aujourd'hui à Mexico, demain au Caire, puis à Manille, puis à Rome, puis à Jérusalem, puis en... Nul ne peut plus contrecarrer ce mouvement planétaire qui se propage d'un métier à l'autre, d'une ville et d'un continent à l'autre. À une époque, il fallait des années et des décennies pour qu'un mouvement s'étende d'un pays à l'autre. Aujourd'hui, la communication mondiale la fait traverser la planète en quelques heures, jours, semaines. Encore plus directement, les peuples du monde s'entraident comme jamais auparavant. Suédois et Norvégiens aidant à construire des villages au Moyen-Orient... Les Chinois luttant contre les maladies tropicales en Afrique... Des jeunes Américains aident à construire des routes au Brésil et en Afghanistan... Il y a des écoles d'enseignement danoises et péruviennes aux États-Unis... Des techniciens et agronomes israéliens aidant en Afrique de l'Ouest... Des Égyptiens enseignant dans des écoles en Libye, au Soudan et au Koweït... Les Russes construisent des barrages en Egypte. . . Partout sur la planète, des techniciens des Nations Unies luttent contre la malnutrition et la maladie, construisent des hôpitaux et des maisons, distribuent du lait et des dispositifs de contrôle des naissances... Pour des raisons humanitaires, pour des raisons politiques et économiques, pour quelque raison que ce soit, les peuples de cette planète coopèrent et s'entraident comme jamais auparavant.

Up-Wingers

Les grands enjeux de notre époque ne sont plus nationaux, mais mondiaux. Paix, progrès économique, ressources, pollution, maladie, tourisme mondial, communication mondiale, transport mondial, modification du temps, espace... Ces réalités et d'autres ont soudainement interconnecté l'humanité. Il n'y a pas moyen d'y échapper. Ces réalités concernent toute l'humanité et doivent être affrontées par tous. Notre conscience devient également universelle. Aujourd'hui comme jamais auparavant, nous connaissons les conditions autour de la planète. Nous ne pouvons plus rationaliser la pauvreté ou idéaliser le retard. Nous ne pouvons plus détourner le regard en prétendant que les problèmes ailleurs n'existent pas ou ne nous concernent pas. Les problèmes sont nombreux et complexes à l'échelle mondiale. Mais nos moyens pour faire face à ces problèmes sont aussi de plus en plus nombreux, efficaces et globaux.

Comment pouvez-vous, *Up-Winger*, être un participant efficace dans ce mouvement planétaire qui se répand ? Commencez par renier consciemment votre nationalité. Vous avez dépassé la religion. Vous devez maintenant dépasser la nationalité. Quelle est ta nationalité ? Je suis Universel. Mais d'où venez-vous ? Je viens de la planète Terre. Je suis Universel. En refusant de vous identifier à un pays, vous prenez la première position publique consciente contre la nationalité. Vous vous identifiez à toute l'humanité. En mettant l'accent sur votre nouvelle identité globale, vous aidez son impact psychologique et intellectuel à grandir sur vous et sur les autres. Vous répandez la nouvelle prise de conscience. Vous obligez également les gens à se rapporter à vous non pas en tant que membre d'un bloc artificiel séparé, mais en tant qu'être humain. Organisez un mouvement populaire et demander aux Nations Unies d'initier un nouveau statut : celui de la Citoyenneté universelle. C'est notre planète. Cela n'a plus de sens de tracer des lignes et de dire : ceci est mon territoire, l'autre est le vôtre. Ce n'est pas mieux que les limites d'urine cartographiées par les chiens. À partir de maintenant, nous ne reconnaissons plus de frontières nationales. Tous les pays appartiennent désormais à tous les peuples de cette planète. Aucun gouvernement n'a le droit d'interdire à quiconque de quitter ou d'entrer sur un territoire. Imposer des restrictions à notre liberté de mouvement est une violation de nos droits humains. Passeports, visas, autorisations de sortie, droits de résidence, tout cela officialise les restrictions à notre liberté de mouvement sur cette planète qui nous appartient désormais à tous. Rejeter toute prétention aux « affaires intérieures ». Nous ne devons considérer les affaires d'aucune nation comme exclusivement internes ou domestiques. Nous voulons une implication de plus en plus grande dans les affaires intérieures des autres nations. C'est notre planète - tout ce qui se passe n'importe où est l'affaire de tout le monde. Si vous étudiez des langues, vous perdez votre temps. Vous ne contribuez pas au mouvement planétaire. Les langues nationales sont inopérantes dans notre monde convergent. Français, Allemand, Espagnol, Arabe, Hébreu, Swahili, Ourdou, toutes ces langues sont en voie de disparition. Toutes les langues nationales sont en voie de disparition. Nous nous dirigeons vers une langue universelle. Aujourd'hui, l'anglais et le chinois se rapprochent de l'universalité. L'anglais a des avantages distincts. C'est la langue des relations internationales, de la technologie moderne, du commerce mondial. Il est parlé sur tous les continents et est relativement facile à apprendre. Au cours des trois ou quatre prochaines décennies, l'anglais servira de langue universelle, *Unilang*. (Cette *Unilang* elle-même est transitoire. Pour avoir un aperçu du futur langage informatique, écoutez les astronautes : allez tous sur csm... eva next... 90 seconds sur lpd... terminé...) C'est maintenant qu'il faut passer à l'*Unilang.* Les marchés communs, les blocs régionaux, les agences internationales, les sociétés transnationales, tous ces éléments sont des mouvements qui s'éloignent du nationalisme et de la fragmentation. Ce sont des pas dans la bonne direction. Ils contribuent à élargir la communication, le dialogue, le commerce, l'inter-implication. Sur tous les continents, il y a maintenant de forts mouvements vers la coopération régionale. Ces entreprises multinationales ont besoin de soutien. Avant tout, soutenez les Nations Unies et ses agences subsidiaires. Depuis des siècles, les gens rêvent d'un gouvernement mondial. Maintenant que nous avons enfin le début d'un, que faites-vous à ce sujet ? Si vous ne faites rien, vous n'avez aucun droit moral de vous plaindre de ses défauts. Vous attendiez-vous à ce que ce corps mondial démarre adulte et sans défaut ? Les Nations Unies sont votre gouvernement mondial. C'est votre propre gouvernement, pas simplement celui de votre pays. Vous devez vous y impliquer personnellement. La charte des Nations Unies commence par « Nous les peuples des Nations Unies... » Les peuples, pas les gouvernements.

Votre gouvernement national court après ses propres petits intérêts nationaux. C'est pourquoi l'ONU a eu des difficultés. Pour vous, *Up-Winger*, votre gouvernement est l'Organisation des Nations Unies. Vous devez traiter directement avec votre gouvernement mondial pour l'universaliser. La technologie moderne est le meilleur allié de l'*Up-Winger*. Sans elle, le mouvement planétaire n'aurait aucune chance. Les télécommunications et les transports mondiaux unifient les peuples de notre planète comme aucune force ne l'a fait dans le passé. En décembre 1970, sept hommes sont condamnés à mort en Union soviétique et six autres condamnés en Espagne. L'opinion publique mondiale s'est ralliée à leur défense et les a sauvés de l'exécution. Il n'y aurait pas eu de pression publique mondiale sans communication universelle. Le 30 avril 1970, le président des États-Unis annonce l'invasion du Cambodge par son pays. En quelques heures, tout l'enfer s'est déchaîné. Manifestations de masse, grèves, rassemblements, protestations, fusillades, émeutes. Ils se sont répandus comme une traînée de poudre à travers le pays puis à travers la planète, Londres Stockholm Tel-Aviv New Delhi Tokyo Melbourne... Aux États-Unis, plus de quatre cents Universités ont fermé. Plusieurs centaines de milliers de personnes ont convergé vers Washington. Le *New York Times* a rapporté que le marché boursier « a failli s'effondrer, non pas à la nouvelle que la guerre pourrait se terminer, mais qu'elle pourrait conduire à une escalade majeure ». L'indignation a continué à grandir et à exploser... Exactement huit jours plus tard, le 8 mai, le président a été contraint de passer à la télévision pour annoncer la décision soudaine de mettre fin à l'invasion. Pour autant que je sache, jamais dans toute notre histoire, les peuples du monde ne se sont ralliés aussi universellement et avec succès pour mettre fin à une injustice. Cette pression mondiale n'aurait pas été possible sans la communication mondiale. La Communication Universelle est notre instrument méconnu pour la Paix. *UniCom* travaille pour le peuple bien plus que pour les gouvernements. *UniCom* a soudainement exposé les gouvernements à la vue du public, les rendant très vulnérables à l'opinion publique nationale et internationale. *UniCom* fournit une plateforme puissante pour la dissidence. Elle coordonne et unifie la dissidence, relie les peuples de la planète. Je le répète, ce n'est pas un hasard si les mouvements se sont désormais propagés rapidement d'une profession ou d'un groupe à l'autre, d'une ville à l'autre, d'un pays et d'un continent à l'autre. *UniCom* échappe par nature au contrôle des gouvernements et des groupes. Si un gouvernement contrôle la presse et les autres médias de masse, le monde continue de s'agiter à travers les publications étrangères, la radio étrangère, les films, la télévision, les touristes. *UniCom* ne peut pas être censurée ou fermée. Au fur et à mesure qu'*UniCom* devient plus puissante, les gens deviennent plus puissants. Au fur et à mesure qu'*UniCom* devient plus universelle, les gens deviennent plus universels. Plus la communication de masse dans un pays est faible, plus le peuple est faible, plus le gouvernement est fort. Plus la communication de masse est forte dans un pays, plus le peuple est fort, plus le gouvernement est vulnérable. Dans les pays technologiquement avancés comme les États-Unis, les individus qui apparaissent régulièrement à la télévision nationale ont plus d'influence que les chefs de gouvernement. Nous sommes maintenant plus éloignés du *1984* d'Orwell que jamais par le passé. S'enfoncer dans un monde d'autoritarisme *Big Brother* de *1984* implique le démantèlement de l'ensemble de nos systèmes mondiaux de communication et de transport. Ce n'est plus possible. La télé-technologie moderne est notre meilleure protection contre les sombres projections orwelliennes. Ce sont là quelques-unes des nouvelles réalités de la communication universelle qui échappent à la droite et à la gauche encore enlisées dans les attitudes de l'ancien monde envers la technologie. Les Up-Wingers considèrent *UniCom* comme leur meilleure alliée. Pour être efficace dans le mouvement planétaire, vous devez être étroitement lié à *UniCom*. Rejoignez la convergence planétaire. Voyagez. Voyage signifie communication, communication directe de personne à personne. Utilisez les systèmes de transport modernes pour se déplacer sur la planète et être le moyen par lequel les différentes cultures se lient et communiquent, à travers lequel les barrières sont levées, le dialogue a circulé, l'inter-implication a été générée... « Les gens sont très bons les uns pour les autres », écrit le psychologue Richard Farson. « Nous avons besoin de relations intimes de longue ou courte durée, pour nous rappeler notre appartenance à la race humaine, pour nous aider à avoir moins peur l'un de l'autre, pour nous permettre de rire et de pleurer ensemble ». Les voyages nous permettent de faire tout cela. Cela nous permet, à nous les peuples de cette planète, de nous serrer la main, de nous toucher, de ressentir et de faire l'expérience directe de l'humanité les uns des autres. Voyager, c'est s'impliquer dans le mouvement planétaire. Quiconque voyage est automatiquement un militant. Toute personne qui voyage. Voyager, c'est s'infiltrer pour influencer, participer aux affaires intérieures des communautés pour poser des alternatives aux conditions locales. Même les touristes passifs en se déplaçant simplement s'infiltrent. L'enfant du village les voit passer et pense : « Je veux être comme cette femme. Je veux être comme cet homme ». Vous avez semé les graines de l'agitation. Cette infiltration est en partie non verbale. La présence même d'étrangers agit comme un catalyseur pour la prise de conscience, un lien humain avec le monde extérieur, un monde de nouvelles possibilités et potentiels. Les millions de touristes qui affluent dans un pays année après année deviennent eux-mêmes un mouvement en faveur du changement. Les touristes ont déjà commencé des bouleversements partout sur la planète. C'est pourquoi les régimes réactionnaires tentent de décourager le tourisme dans leur pays. Ne boycottez pas les pays dont vous vous opposez aux gouvernements. Ce sont précisément les terrains à fréquenter. En boycottant un pays, vous boycottez et isolez son peuple, affaiblissez les canaux de communication mondiale, renforcez le gouvernement et perpétuez le *statu quo*.

Les plus grands mouvements aujourd'hui sont extérieurs à la politique. Des changements progressifs ont lieu malgré les gouvernements. Le mouvement planétaire est pour la plupart au-delà de la portée des gouvernements nationaux. En règle générale, les dirigeants politiques sont motivés par l'ambition personnelle, trop impliqués dans les problèmes de gestion quotidienne, trop enfermés dans les philosophies traditionnelles de droite et de gauche, trop vulnérables aux caprices des masses conservatrices pour initier ou réaliser des objectifs de grande envergure. La politique n'est plus le moyen le plus efficace pour changer le monde. Les gouvernements se transforment en agences de gestion qui gèrent les affaires quotidiennes des villes et des nations. Comme je l'ai expliqué plus tôt, les ordinateurs peuvent désormais gérer ces affaires d'État plus efficacement. Avec le temps, les ordinateurs remplaceront les gouvernements. Cette tradition de compter sur le gouvernement pour faire les choses, comme sur un père bienveillant, est du vieux monde. Ne gaspillez pas votre colère sur des dirigeants ternes. Utilisez vos énergies de manière plus constructive. « Inutile d'essayer, le gouvernement contrôle tout ». C'est une dérobade. Fini le temps où le gouvernement contrôlait tout. Dans le monde ouvert et fluide d'aujourd'hui, le gouvernement n'est qu'une des nombreuses forces qui influencent les événements. La communication mondiale, par exemple, est une force beaucoup plus puissante qui génère son propre rythme et son propre élan, radicalisant et diversifiant toutes nos institutions, nos valeurs, nos modes de vie. Bon nombre des plus grands bouleversements d'aujourd'hui ont lieu en dehors du gouvernement; le bouleversement biologique, la libération des femmes, la libération sexuelle, le mouvement écologiste, le soulèvement des consommateurs, l'explosion de l'information, la convergence planétaire... Aucun gouvernement ne peut plus inverser ou même entraver l'impact cumulatif de ces mouvements populaires et d'autres. Aujourd'hui, l'individu est plus puissant que jamais. L'individu dispose de facilités de communication, mobilité, informations, connaissances, conscience. Ce sont des outils puissants. Organisez vos propres mouvements *Up-Wing*. Aidez à démarrer les Banques de Cellules, *Mobilias*, Centres de Personnes, Communautés Instantanées. Commencez un mouvement pour une semaine de travail de trois jours ou une année de travail de six mois. Louez des hélicoptères pour foncer sur des communautés lointaines et apporter des informations sur les médicaments. Aidez à monter un plan d'urgence pour atteindre l'immortalité... Rassemblez le soutien du public. N'oubliez pas que l'opinion publique mondiale devient chaque jour une force puissante. Que les gouvernements sont de plus en plus vulnérables à la pression publique. Que les mouvements d'aujourd'hui peuvent se propager plus rapidement et plus profondément que jamais. « Seule la pression du peuple façonne l'histoire du monde » écrivait Zhou Enlai. Cela n'a jamais été aussi vrai qu'aujourd'hui. Le mouvement planétaire est totalement engagé dans la vie. Il n'y a pas de cause, pas de but, pas d'idéal pour lequel il vaut la peine de mourir. Rien ne vaut votre vie. Si un mouvement met votre vie en danger, oubliez-le. Essayez une autre façon. Si les gens vous exhortent à la violence, éloignez-vous d'eux. Ils font partie du vieux monde masochiste axé sur la mort. Le *Up-Winger* est totalement non-violent, totalement engagé dans la vie. Pour le *Up-Winger*, la vie elle-même est la plus grande révolution.

3ème partie

Percées évolutives (bouleversement cosmique)

Le bouleversement cosmique est un événement entièrement nouveau sur la planète Terre. Une nouvelle dimension dans l'existence humaine. Nous assistons aujourd'hui au tout début d'un bouleversement qui modifie notre condition humaine fondamentale. Cette dimension cosmique prend le pas sur toutes nos aspirations passées, toutes nos philosophies passées luttes révolutions. Il n'y a jamais rien eu de tel sur notre planète ou probablement dans tout ce système solaire. Le bouleversement cosmique n'est pas simplement un événement historique. Il s'agit d'une perturbation évolutive majeure. Historiquement, nous avons déjà fait des progrès impressionnants. Comme j'ai tenté de le montrer dans *Optimism One*, dans les communautés modernes, nous avons plus de liberté, plus d'égalité, plus d'individualité, plus de communication, plus d'intégration, plus d'amour, plus de fluidité, plus de contrôle sur les impositions de la nature, plus d'humanité que jamais dans notre passé. Psychologiquement, socialement, économiquement, politiquement, nous avons fait des progrès monumentaux à travers les âges. Nous montons et montons de l'abîme. Ce descendant de poisson, cet enfant des derniers singes s'est bien débrouillé. Mais aussi grands que soient ces progrès, la situation humaine fondamentale elle-même a très peu changé. Nos avancées ont été historiques et non évolutives. La condition humaine demeure intrinsèquement tragique.

Pour libérer l'humanité de cette situation tragique et s'élever vers une évolution supérieure, nous avons besoin d'un nouveau type de bouleversement, un bouleversement cosmique. Nous ne pouvons plus nous contenter des révolutions traditionnelles qui cherchent à améliorer nos conditions socio-économiques politiques. Cela ne suffit plus. Les révolutions et les révolutionnaires sont maintenant trop modestes. Nous voulons plus. Beaucoup plus. Nous sommes maintenant beaucoup plus visionnaires beaucoup plus exigeants beaucoup plus transcendants. Le progrès lui-même ne suffit plus. Il nous a fallu des siècles pour même accepter l'idée de progrès. Maintenant, nous devons nous adapter à l'idée de changements cosmiques. Nous devons commencer à nous adapter à l'idée d'apporter des changements fondamentaux à la condition humaine. Par exemple, refaire le corps humain, aller dans d'autres mondes, vivre extraterrestre, faire l'expérience d'une nature différente, chercher d'autres êtres dans l'univers... Nous devons commencer à comprendre que vivre dans d'autres mondes et vivre éternellement ne sont plus des concepts métaphysiques ou théologiques. Les gens voyagent maintenant vers d'autres mondes, les gens luttent maintenant pour l'immortalité physique. Lorsque nous parlons d'entendre des voix d'autres mondes, nous ne parlons plus de la voix d'un dieu, mais d'astronautes. Lorsque nous parlons de personnes quittant cette terre, nous ne voulons plus dire qu'elles sont mortes, mais qu'elles sont parties sur d'autres planètes. Nous entrons dans de toutes nouvelles dimensions du temps et de l'espace. Il faut donc commencer à embrasser l'idée que désormais nos objectifs ne sont plus seulement socio-économiques ou politiques. Qu'enfin le moment est venu pour l'humanité de s'attaquer à des problèmes plus primaires et d'atteindre des objectifs plus transcendants. Nous devons faire prendre conscience à chaque homme et à chaque femme de cette planète que nous sommes maintenant au début d'un bouleversement monumental contre les limitations jumelles du temps et de l'espace, que ce n'est qu'en rejoignant et en soutenant ce bouleversement que nous nous libérerons enfin de notre tragédie humaine. Nous devons faire prendre conscience à tout le monde que le temps et l'espace sont les déterminants les plus fondamentaux de toute vie et qu'ils affectent tous les aspects de la vie - de la naissance à la mort. Ils sont à l'origine des souffrances humaines les plus profondes : privation de liberté, robotisation, inégalités, compétitivité, violence, solitude, crise d'identité, aliénation... Les conflits parents-enfants, les inégalités entre les sexes, les injustices sociales, les déséquilibres économiques, les répressions politiques, ne sont pas les principaux déterminants de la souffrance humaine. Ce sont des causes contributives, elles-mêmes créées par la double pression du temps et de l'espace. C'est un truisme qui trop souvent nous échappe. Comment les limites du temps et de l'espace (biologie et environnement) expliquent-elles notre sort ?

Au-delà de la liberté

Commençons par la liberté. Que veut dire la liberté pour vous ? L'orientation psychologique mettra l'accent sur la liberté émotionnelle ou intérieure. Le socialiste ou capitaliste doctrinaire voit la liberté dans un contexte exclusivement économique. Le déterministe politique considère la liberté comme une condition politique. Un généraliste sophistiqué est conscient de tous ces aspects de la liberté, psychologiques, économiques, politiques. Que signifie la répression pour vous ? Là encore, les déterminants psycho-socio-économiques, politiques sont invariablement mis en avant. Nous sommes tous si totalement concentrés sur les conditions socio-économiques, politiques que nous ne nous arrêtons jamais pour considérer la liberté et la répression dans un contexte humain plus fondamental. Nous sommes comme le passager à bord d'un navire qui demande avec véhémence une meilleure cabine ou la liberté de se promener sur le pont de première classe, sur un navire qui coule. Le navire de votre vie, votre existence même, coule lentement. Aucune liberté psychologique, économique ou politique ne peut vous sauver de la noyade. Il est temps que vous fassiez une pause pour y réfléchir. À quoi bon les libertés sociales quand la vie elle-même est basée sur la non-liberté ? À quel point suis-je libre si je ne peux pas choisir mon propre corps, mon propre cerveau, mon propre sexe, la couleur de ma peau, mes rythmes biologiques ? À quel point suis-je libre d'être enfermé dans une camisole de force biologique prédéterminée dans la sélection de laquelle je n'ai absolument rien eu à dire ? Je n'aime pas mon corps. Je suis maladroit, peu attrayant. Que puis-je faire de mon corps ? Je suis piégé. Je n'aime pas mon esprit. Je suis lent et sans imagination. Comment puis-je me libérer de cet esprit ? Je n'aime pas ma personnalité. Je suis disposé à la dépression, à la paranoïa, à l'intolérance. J'aimerais être différent. Comment puis-je me libérer ? Je vieillis. Mes cheveux deviennent gris, mes yeux perdent de leur éclat, mon esprit et ma mémoire s'estompent. Je n'aime pas ce qui m'arrive. Je ne m'aime plus, ce moi vieillissant qui est le mien. Je suis un fardeau pour moi-même. Comment puis-je maintenant retrouver ma vitalité d'antan ? Comment puis-je ralentir le temps ? À quoi bon alors les libertés politiques, économiques et sociales si je ne peux pas profiter de la liberté la plus primaire de me libérer de la cellule de prison de ce cerveau de la personnalité corporelle indésirable ? Quelle liberté si je ne peux pas décider si je ne peux même pas savoir quand je mourrai ? Que signifie la liberté pour un patient en phase terminale ? D'un coup, la mort abat toutes les libertés. La mort est l'absence de liberté. Alors aussi, à quel point suis-je libre dans une cellule spatiale qui détermine et limite chacun de mes mouvements : la gravité, l'air, l'eau, les saisons, la nuit et le jour, le soleil ? A quoi bon la liberté de se déplacer sur toute la planète si une simple chute de quatre mètres peut me tuer ? A quoi bon la liberté de naviguer en haute mer si un litre d'eau dans mes poumons peut me noyer ? Je suis un accident, un accident biologique piégé dans un tout petit point dans le temps et l'espace. Je suis un éclair de conscience momentané. Soudain, je suis. Puis tout aussi soudainement, je ne suis plus. Toutes mes tentatives d'autodétermination psychologique, économique et politique sont un jeu d'enfant. Elles ne m'apporteront pas une réelle liberté. Elles ne me libéreront pas.

Au-delà du robot humain

Les alarmistes soutiennent que la technologie de masse et la société de masse robotisent l'individu moderne. Ils parlent de l'individu programmé mécanique dépersonnalisé. Dans *Optimism One*, j'ai expliqué que la technologie moderne nous aide en fait à devenir moins machine, moins programmé, moins manipulé. Pourtant, malgré nos acquis sociaux, tous les peuples, modernes et primitifs, sont intrinsèquement programmés. L'organisme animal-humain lui-même est structurellement un robot. Un robot rigide manipulé par sa biologie et son environnement prédéterminés. Quoi de plus robotique que d'avoir à intervalles réguliers inspirer et expirer, manger, boire, uriner, évacuer, dormir ? Toutes ces fonctions mécaniques sont programmées en moi. Je n'ai rien à dire à leur sujet. Elles sont hors de mon contrôle. Si j'ai arrêté de respirer pendant quelques minutes seulement, quelques minutes rapides de rien, c'est fini. Si je ne mange pas, ne bois pas ou ne dors pas à intervalles réguliers, mon corps commence à patauger, mon esprit commence à devenir confus. La nuit dernière, au milieu d'un profond sommeil miséricordieux, j'ai soudainement bondi comme un robot et me suis précipité dans la salle de bain. J'étais là en plein sommeil, à moitié conscient, à moitié vivant, me soutenant. Existe-t-il quelque chose de plus programmé, de plus manipulé que tout cela ? Pourtant, nous prenons tout cela pour acquis, appelons-le humain, voire romançons-le. Dans les communautés modernes, on parle maintenant beaucoup du droit de l'individu sur son propre corps, en particulier dans des domaines tels que les médicaments pour l'avortement sexuel, etc... Mais qu'en est-il des droits sur votre propre corps ? Vous ne jouissez d'aucun droit réel, aucun contrôle sur votre propre corps. Essayez de dire à votre corps de ne pas respirer pendant quelques minutes. Essayez de ne pas vous soulager lorsque la pression monte. Votre corps n'est pas manipulé par vous. Vous êtes manipulé par votre corps. De plus, nous sommes des robots impuissants manipulés par l'environnement. Une fois, j'ai voyagé dans un train défectueux. Une panne de courant soudaine a éteint le climatiseur. La plupart d'entre nous ont enlevé nos vestes. Puis les lumières se sont soudainement éteintes. Bientôt, nous nous sommes tous endormis. Puis soudain les lumières se sont rallumées. Nous nous sommes tous assis à nouveau en lisant et parlant. Puis le climatiseur s'est mis en marche et nous avons tous remis nos vestes. Au cours des heures suivantes, chaque fois que les lumières s'allumaient, nous nous asseyions et lisions. Lorsque les lumières se sont éteintes, nous nous sommes docilement endormis. Lorsque le climatiseur s'est allumé, nous avons rapidement enfilé nos vestes. Quand il est parti, nos vestes sont tombées. Là, nous étions comme des marionnettes manipulées par un système de pouvoir fou. N'est-ce pas précisément la condition de notre existence ? Le jour se lève, nous nous réveillons, la nuit vient, nous dormons, le froid nous fait courir pour nous mettre à l'abri, puis la chaleur puis le froid puis la pluie... Qu'est-ce que vous ou moi avons à dire sur tout cela ? Existe-t-il une manipulation plus arbitraire que celle de l'environnement qui, sans aucune consultation avec moi ou vous, décide des saisons la chaleur de l'été le froid de l'hiver les cycles de la lumière et de l'obscurité nuit et jour, quand il pleuvra ou brillera quand déclenchera-t-il un ouragan ou un tremblement de terre ? Chaque année, autour de la planète, des dizaines de milliers de personnes périssent dans des inondations, des incendies, des vagues de chaleur, des vagues de froid, des tempêtes de neige, des typhons, des cyclones, des ouragans, des tremblements de terre et bien d'autres manipulations arbitraires. Même un simple pique-nique ou un événement sportif planifié avec enthousiasme à l'avance doit être annulé à la dernière minute, car le ciel a soudainement décidé de nous pisser sur la tête. Ceux-là mêmes qui se révoltent contre les manipulations d'un régime politique ou d'un système économique acceptent docilement, voire allègrement, les manipulations plus répressives de la biologie et de l'environnement. « Pourquoi voulez-vous apporter des modifications génétiques au corps humain ou implanter des électrodes ? » proteste un militant politique radical. « Qu'est-ce qui ne va pas avec le corps tel qu'il est ? Pourquoi combattre la mort ? Quand mon heure sera venue, j'irai. Pourquoi contrôler l'environnement ? Il est plus excitant de ne pas savoir quand il va pleuvoir, neiger ou briller. J'aime la variété des saisons de toute façon. Mais quelle variété ? Variété imposée par l'environnement, pas par vous. Les gens acceptent docilement ces manipulations de base tout en investissant de l'énergie et du temps, voire leur vie, à combattre les institutions créées par l'homme qui les manipulent de manière relativement superficielle. Il n'y a pas de gouvernement, pas de complexe industriel-militaire, pas de système économique, pas de médias de masse, qui puissent jamais nous réduire à des marionnettes et des robots comme l'ont fait les dictatures biologiques et environnementales.

Au-delà de l'égalité des droits

Que signifie l'égalité pour vous ? L'égalité me direz-vous, c'est se sentir égal. Cela signifie avoir des droits sociaux et politiques égaux. Ou bien l'égalité découle d'une juste répartition des richesses. Nous pouvons continuer à gagner ces égalités sociales, sexuelles, économiques, politiques, mais tant qu'il n'y a pas d'égalité biologique, il ne peut y avoir d'égalité réelle. La biologie est le principal responsable de l'inégalité. Les gens naissent inégaux. Pas simplement différents ; ce n'est pas mauvais. Mais inégaux. La littérature et le folklore de toutes les sociétés regorgent de thèmes mettant en scène cette inégalité des plus primaires. L'enfant brillant et attrayant préféré de tous par rapport à ses frères et sœurs. La belle paysanne découverte par le prince et emmenée au palais pour être sa reine. Dommage pour toutes les filles simples qui doivent rester dans des huttes de boue. Le grand bel homme repéré par la fille de Monsieur l'Homme Riche. L'enfer avec tous les petits garçons maigres. L'individu brillant qui remporte des prix et l'adoration de tout le pays. Rien pour tous les idiots qui luttent année après année, mais ne peuvent jamais aller aussi loin que les musiciens, les écrivains, les scientifiques, les avocats etc... Si tout cela n'est pas de l'inégalité et de l'injustice, qu'est-ce que c'est ? Tant que certains naissent en bonne santé, d'autres malades, d'autres forts, d'autres faibles, d'autres brillants, d'autres muets, d'autres beaux, d'autres disgracieux, d'autres gais, d'autres sombres, d'autres vigoureux, d'autres frêles, ce sera la perpétuation des rivalités jalousies conflits ...

Au-delà de la compétition

Courez, courez, courez. Où est-ce que je cours ? Pourquoi est-ce que je cours ? Je ne cours pas simplement parce que ma vie de famille compétitive, mon système scolaire compétitif, ma configuration économique compétitive m'ont conditionné à courir. Je cours à cause d'une pression bien plus puissante : la pression du temps. Je cours essentiellement parce que mon temps est limité. Chaque jour, chaque heure, chaque minute, chaque seconde, je suis un peu plus vieux un peu plus faible un peu plus près de la fin. Existe-t-il un système social, une pression sociale plus compétitive, plus déshumanisante que cette pression biologique ? Quelle heure est-il ? Il est cinq heures et demie. Il se fait tard. En retard pour quoi ? Comment cinq heures et demie peuvent-elles être en retard ? Le fait est qu'il se fait tard. Il se fait toujours tard. Même quand je me repose, il se fait tard. Même alors, le temps court et m'oblige à courir avec lui. Ma vie est en train de s'épuiser. C'est finalement ce que nous voulons dire quand nous disons qu'il se fait tard. La course à pied et la compétition sont ancrées en moi, dans mon système biologique. Personne sur cette planète n'est finalement en compétition avec moi. Tout le monde fait enfin la même course contre le temps. Cette tension temporelle, cette course à l'arrivée n'a rien à voir avec l'Est ou l'Ouest, le capitalisme ou le socialisme, la démocratie ou la dictature, la technologie ou la prétechnologie. C'est un dilemme universel. Vous pouvez supprimer la technologie moderne, supprimer les montres et les horloges et les horaires de travail rigides, la tension temporelle persistera. L'horaire le plus insidieux est l'horaire rigide à durée de vie limitée. L'horloge la plus brutale est l'horloge biologique de mon système qui tourne et personne ne peut rien faire pour l'arrêter. C'est sûrement la course la plus brutale de toutes. "Bois pour que demain tu meurs." Cela a été écrit bien avant la technologie moderne et les horloges bien avant le capitalisme et le socialisme... Nos systèmes économiques sociaux compétitifs ne font qu'aggraver la course biologique contre le temps. Ce n'est que lorsque nous aurons désamorcé la bombe à retardement, l'imminence de la mort, que nous arrêterons de courir. C'est alors seulement que le temps cessera d'avoir de l'importance, alors seulement toute concurrence et toute pression deviendront superflues. Car pourquoi courir alors ? Vous pouvez prendre votre temps. Vous avez tout le temps devant vous. Il ne sera jamais tard.

Au-delà de la violence

Comme je l'ai expliqué dans *Optimism One*, il existe une tendance historique à la non-violence. Entre les parents et les enfants, entre les hommes et les femmes, les enseignants et les élèves, les employeurs et les employés, les dirigeants et les citoyens, la société et la société criminelle et les troubles émotionnels, entre les nations entre les races entre les sectes, même entre les personnes et les animaux, à tous les niveaux de toutes les sociétés il y a une diminution constante de la violence. Mais il y a encore beaucoup de violence dans le monde. Il ne suffit plus de se concentrer uniquement sur les causes socio-économiques politiques de la violence. Si nous réussissions à éliminer ces pressions, il y aurait encore de la violence. La violence est inhérente à notre situation dans le temps et l'espace. L'organisme humain subit des pressions incessantes des conditions biologiques en son sein et des forces environnementales extérieures qui menacent à chaque instant, sa sécurité, son existence même. Conçu dans l'environnement précaire de l'utérus, l'organisme humain est alors violemment projeté dans un environnement extérieur encore plus hostile. Laissé tout à coup seul, très seul. Menacé au début par la lumière, le bruit, les mouvements et les pressions à l'intérieur de son propre corps. Cet organisme humain traverse alors la vie pour toujours exposé et vulnérable à la merci de toutes sortes de violences, la violence de la douleur la violence de la maladie la violence de la faim et de la soif la violence de la séparation brutale d'avec les êtres chers la violence de la brûlure et de la chute et du gel... Un faux pas et nous nous cassons un membre ou écrasons un os, un faux pas et nous nous noyons ou nous étouffons. Ces menaces violentes sont si perpétuelles en nous et autour de nous que nous les tenons pour acquises et ne réalisons pas consciemment que nous les écartons perpétuellement, perpétuellement exposés et vulnérables. La vie est une lutte acharnée contre la violence de la souffrance et la violence de la mort. Cette lutte de toute une vie nous rend profondément anxieux et méfiants, nous prédisposant à la violence les uns envers les autres. C'est curieux que nous ne soyons pas plus violents. Ce n'est que lorsque nous aurons refait (complètement refait) la constitution biologique de l'organisme humain que nous pourrons surmonter notre vulnérabilité aux menaces omniprésentes de la violence biologique et environnementale.

Au-delà de la solitude

Aujourd'hui, nous apprécions plus d'individualité et en même temps plus de communication que jamais. Nous avons eu une longue et difficile ascension depuis la vallée des tribalismes hostiles et nous approchons maintenant des sommets de l'individualité et de la communication mondiale. Pourtant, nous regardons autour de nous et réalisons que notre individualité et notre capacité à communiquer à l'échelle mondiale ne sont toujours pas la réponse. Nous sommes encore seuls isolés séparés. Nous communiquons mieux que jamais. Mais comment communique-t-on vraiment ? Nous devons encore communiquer en tant qu'entités distinctes. Nous devons encore traverser un labyrinthe de coques protectrices que chaque individu, dans une protection compréhensible de lui-même, a dû construire. Nous devons traverser d'innombrables autres couches protectrices que l'individu dans ses tourments et ses angoisses a dû construire pour se protéger non seulement du monde, mais pour se protéger de lui-même. Comment puis-je jamais vous atteindre ? Vraiment communiquer avec vous ? Comment pouvez-vous vraiment communiquer avec moi, le moi intérieur, le vrai moi ? Le moi que moi-même je n'ose pas connaître, ne peut pas connaître. Comment pouvez-vous, et même en vous reposant côte à côte et en vous sentant proches, jamais surmonter l'isolement que nos biologies séparées imposent ? Aucun amour, aucune amitié, aucune empathie, aucune sympathie ne peut fusionner cette séparation qui repose sur nos esprits séparés, nos émotions séparées, nos corps séparés. Il y a une solitude qu'aucun système social, aucune individualité, aucun communautarisme ne peut apaiser. C'est la solitude qui est inhérente à notre séparation physiologique. La solitude n'est pas essentiellement un problème psychologique ou social. C'est une réalité biologique. Tant que nous serons des entités biologiques séparées, il y aura de la solitude. Tant que nous sommes séparés, l'intérêt personnel est inévitable. L'intérêt personnel est du chauvinisme, l'autochauvinisme qui est à la racine même de tous les chauvinismes et conflits d'intérêts ultérieurs.

Up-Wingers

Au-delà de toutes les identités

Les individus modernes sont désormais fluides et mobiles comme jamais auparavant. Nous n'appartenons plus à une famille fixe, tribu, village, métier de toute une vie, religion, nationalité, mouvement politique, philosophie de vie. Les modernes n'ont plus d'identité fixe. Nous tirons un sentiment d'individualité et de sécurité non pas d'engagements permanents totaux, mais d'un sentiment de croissance continue. La non-identité est la nouvelle émancipation. Mais l'individu est fondamentalement aussi immobilisé que jamais dans des identités biologiques fixes. Quelles sont ces identités fixes ? Elles sont mon corps hérité, ma couleur de peau héritée, mon sexe hérité, cerveau partiellement hérité, ma personnalité héritée. À quel point suis-je fluide, contraint de rester arrimé à ces identités biologiques statiques qui déterminent mon existence même ? La véritable crise d'identité aujourd'hui provient de ma réticence croissante à accepter ma biologie héritée. Je refuse d'être immobilisé dans des identités biologiques prédéterminées dans la sélection desquelles je n'avais absolument rien à dire. Pourquoi devrais-je accepter ce corps particulier qui est le mien ? Pourquoi pas différents corps différentes tailles différentes formes différentes couleurs ? Pourquoi ne connaître que ce genre spécifique ? Pourquoi pas l'autre genre ou une alternance entre les deux genres ou une fusion des deux ? Pourquoi accepter ce cerveau particulier ou cette personnalité particulière ? Pourquoi traverser une vie emprisonnée dans le même corps, le même esprit, la même personnalité ? Quel ennui. Les gens du futur regarderont en arrière et se demanderont comment un individu a pu traverser toute une vie avec son seul et unique soi. J'ai peut-être de la chance et j'ai un corps gracieux, une personnalité chaleureuse et sûre d'elle, un esprit dynamique. Je suis toujours pris dans une monotonie. Qui n'est parfois devenu monotone pour lui-même ? Seul l'enraciné accepte son *statu quo* biologique. Seul l'individu statique est content (ou est-il résigné ?) de traverser la vie arrimé à des identités héritées. L'individu fluide dynamique veut la diversité biologique, l'émancipation biologique. Je ne veux pas seulement être moi-même. C'est trop statique. Je veux que l'option soit aussi Andreas et Miriam et Emiliano et Yoshiku et Awolowowo et Jamileh et Stanley et Silvana et Sadruddin et... Je veux maximiser ma fluidité non seulement en fusionnant et en séparant avec différentes personnes, mais aussi en ayant différents types et formes de corps, différentes couleurs et conceptions, différents mélanges de personnalités et de cerveaux, la possibilité de se connecter à des systèmes humains/machines et d'être de tels systèmes. C'est la liberté et la fluidité biologiques que nous recherchons enfin.

Au-delà de l'aliénation

En février 1971, un violent tremblement de terre secoua Los Angeles. Une cinquantaine de personnes sont mortes dans ce tremblement de terre. Les dommages psychologiques étaient encore plus étendus, affectant plusieurs milliers de personnes. Pendant des semaines et des mois après le tremblement de terre, des psychothérapeutes ont traité des personnes souffrant de tremblement de terre. Les enfants avaient peur de quitter leurs parents. Jeunes et vieux étaient en proie à de profondes angoisses, épuisement émotionnel, dépression, incapacité à se concentrer et à dormir, cauchemars... Les psychothérapeutes de Los Angeles (cités dans le *Time magazine* de février 1971) ont fourni certaines des causes courantes des crises émotionnelles généralisées. L'imprévu du tremblement de terre. Le fait qu'il n'y a pas d'endroit où se cacher. Le sentiment d'impuissance totale. Le sentiment d'avoir été trahi par Mère Nature que les gens avaient toujours considérée comme fiable et bonne. La prise de conscience soudaine que personne ne peut enfin vous sauver. Que les parents amis copains dirigeants sont eux-mêmes vulnérables et effrayés. Une perte de confiance dans le monde. La prise de conscience que l'on ne peut pas prédire son propre avenir. Qu'en fin de compte il n'y a pas de contrôle. La soudaine réalité de la ténuité de l'existence, toute existence. Ce sont quelques-unes des causes des dommages psychologiques généralisés. Pourtant, plusieurs mois après le tremblement de terre, la vie à Los Angeles était revenue à la normale. Les gens étaient sortis de leur coquille, s'amusant, jouant, commençant des carrières, ayant des enfants, construisant des maisons, planifiant pour l'avenir. La menace des tremblements de terre a-t-elle soudainement disparu ? Non. Comment les gens font-ils alors face à leur exposition ? Ils font face en refoulant. Ils répriment leurs angoisses et leurs craintes de nouveaux tremblements de terre. Secouant toute une ville moderne, le tremblement de terre fut comme un gigantesque éclair d'auto-illumination. Un aperçu fugace et terrifiant de la situation humaine réelle. Le tremblement de terre et ses conséquences ont comprimé en lui tout le dilemme de l'existence humaine. La vie elle-même est un cycle sans fin de tremblements et la menace toujours présente d'un tremblement de terre final qui étouffe chaque vie individuelle. Partout dans le monde, les gens souffrent de « la nervosité des tremblements de terre ». Nous avons tous des angoisses horribles. L'inattendu de la mort. Le fait qu'il n'y a pas d'endroit où se cacher. Le sentiment d'impuissance totale et d'exposition. La prise de conscience que personne, aucun parent, ami, amant ou leader, ne peut finalement rien faire. L'incapacité de prédire notre propre avenir. La ténuité désespérée de l'existence. Comment faire face à ces angoisses primaires ? Nous nous débrouillons simplement en refoulant. En refusant d'affronter notre vraie situation humaine. Nous nous fuyons nous-mêmes et le monde. C'est la véritable aliénation. La racine de toute aliénation. Comment peut-il en être autrement? Comment puis-je ne pas me sentir aliéné de mon moi temporaire qui, à tout moment, peut s'éclipser dans une inexistence permanente ? Comment puis-je m'empêcher de me sentir aliéné de mon propre corps fragile et vulnérable qui me fait souffrir : maux de dents, maux de ventre atroces, maux de tête lancinants, membres cassés ? Comment ne pas me sentir aliéné du monde qui à tout instant peut perdre mon existence ? Ce n'est pas seulement la menace omniprésente de ma propre extinction soudaine qui précipite cette aliénation, mais aussi le fait que des personnes qui me sont chères sont mortes et que d'autres vont à tout moment mourir subitement. Comment puis-je arrêter de me fuir moi-même et le monde réel ? Faire face à moi-même, vraiment faire face à moi-même et au monde réel, c'est faire face au fait que je suis une conscience éphémère très vulnérable exposée à des forces hostiles sur lesquelles je n'ai aucun contrôle.

J'ai souligné ces problèmes dans leur contexte élémentaire le plus bas pour vous inciter à vous concentrer sur notre situation humaine. Je n'aborde pas ces problèmes pour vous déprimer ou simplement pour lever les bras. Ce manifeste n'est pas un exercice de désespoir métaphysique. Pas du tout. Ceci est un manifeste pour l'action. Je veux vous inciter à l'action précisément parce que maintenant, enfin, notre tragique situation humaine peut et doit être inversée. Jusqu'à ce stade de l'histoire, nous avons fui ces fondamentaux. Ils ont été trop tragiques et nous aussi impuissants. Au mieux, nous les avons rationalisés par des fantasmes théologiques et des spéculations philosophiques. Notre attention et nos énergies se sont plutôt concentrées sur les problèmes socio-économiques politiques immédiats. En d'autres termes, incapables de faire quoi que ce soit au sujet de notre navire qui coule, nous nous sommes disputés sur les droits de cabine et les tâches ménagères. Le temps est maintenant venu pour nous d'affronter notre situation humaine fondamentale. Nous avons maintenant le potentiel de surmonter les tragédies et les limites fondamentales.

Mais nous devons d'abord oser penser et agir cosmiquement. Il faut oser vouloir vaincre. Nous ne devons plus jamais nous résigner à la condition humaine. Ne plus jamais nous résigner à souffrir. Toute souffrance est un gaspillage et diminue l'humain. Penser et agir cosmiquement signifie partir de prémisses entièrement nouvelles, viser des objectifs entièrement nouveaux. Socialisme, capitalisme, démocratie, psychothérapie : tout cela traite des tâches ménagères. Ils n'ont pas de réponses à notre situation fondamentale, pas de programmes transcendants. La psychothérapie peut aider à apaiser une certaine solitude sociale, mais peut-elle d'une quelconque manière apaiser la solitude biologique plus fondamentale ? Le socialisme peut aider à réduire les inégalités économiques, mais peut-il en aucune manière réduire les injustices plus insidieuses des inégalités héritées ? La démocratie peut aider à réduire l'aliénation sociale, mais peut-elle en aucune manière réduire l'aliénation plus fondamentale de nos corps fragiles et de nos existences terminales ? Même le mouvement planétaire que j'ai décrit plus tôt dans ce tract est finalement une impasse. Il ne peut pas renverser notre situation de base. Nous avons besoin d'un nouveau concept de révolution, un nouveau concept de progrès. Un bouleversement cosmique. Nous avons besoin de visionnaires, de *Up-Wingers* pour lancer ce bouleversement. Mettre au grand jour cette dimension espace-temps. Ce potentiel émergent de transcender notre situation est à la base du nouvel optimisme. Je suis optimiste parce que je suis suprêmement convaincu que si nous mobilisions nos énormes ressources, nous pourrions, au début du XXIème siècle, passer à une évolution supérieure : devenir libres dans le temps et l'espace.

Comment monter ce bouleversement ? Comment dépasser les limites de notre condition humaine ?

Up-Wingers

Comme je vous l'ai déjà rappelé, les deux déterminants fondamentaux de la vie, toute vie animale/humaine, sont le temps et l'espace (biologie et environnement). Tant que nous serons à la merci de ces forces jumelles, la condition humaine restera tragique, limitée dans le temps et dans l'espace. Notre bouleversement cosmique doit donc viser ces deux forces primaires. Nous devons nous libérer en eux en nous prolongeant à travers eux. Ce bouleversement comprend alors deux fronts, l'espace et le temps (environnement et biologie).

La dimension spatiale

Comment désamorcer les pressions de l'environnement ? Comment sortir des limites de l'espace ? Les années 1970 resteront dans les mémoires comme la décennie où les peuples de la Terre ont établi les premiers systèmes mondiaux de surveillance de l'environnement. La Conférence des Nations Unies sur l'environnement humain composée de 114 pays s'est réunie à Stockholm et a publié une déclaration internationale sur l'environnement humain. Elle a également créé l'Agence des Nations Unies pour l'Environnement. U.N.E.A. est en train de créer *Earth*

Up-Wingers

Watch, le premier système mondial de surveillance de la qualité de l'atmosphère - du sol - des océans de cette planète. Il s'agit d'un système mondial interconnectant des satellites et des stations au sol. Les satellites environnementaux scannent désormais chaque partie de la surface de cette planète, relayant chaque jour 200 milliards de bits d'informations sur l'environnement. L'information est transmise à toutes les nations par l'intermédiaire des Nations Unies. Informations sur l'agriculture, la foresterie, la géologie, la métallurgie, l'océanographie, la météo et l'environnement mondiaux. Ces satellites aident aussi à prédire la sécheresse et les conditions du sol. Ils aident à prévoir les éruptions volcaniques et les tremblements de terre. Ils aident à prévoir les inondations et les tempêtes potentiellement destructrices. Ils mesurent la croissance et le déclin des glaciers. Ils affichent les niveaux de neige. Ils mesurent les précipitations, l'humidité du sol et l'action du vent (toutes ces mesures aident à prévenir les incendies de forêt). Ils parcourent les océans qui couvrent 71 % de cette planète et où se forme une grande partie du climat terrestre. Ils aident à fournir des prévisions météorologiques mondiales précises à long terme. Les stations spatiales fournissent des expériences supplémentaires de surveillance et de balayage de la Terre. De plus, des supercalculateurs dix fois plus puissants que les ordinateurs les plus sophistiqués d'aujourd'hui sont désormais conçus pour prédire des changements climatiques plus larges des années, voire des décennies à l'avance. Tous ces projets nous aident non seulement à prévoir les conditions météorologiques et à prévoir les catastrophes naturelles. Ce qui est infiniment plus important, ils contribueront à modifier le temps et à prévenir les catastrophes naturelles. Les expériences progressent maintenant dans la modification du temps. Nous avons eu un certain succès dans l'ensemencement des nuages pour produire ou augmenter la pluie et la neige, la croissance des nuages et la dispersion du brouillard, le contrôle des tempêtes de grêle, la faible dissipation des ouragans... Des conférences internationales étudient les moyens de prévoir, d'affaiblir et de prévenir les tremblements de terre. Des plans sont en cours d'élaboration pour créer des agences nationales et internationales chargées de collecter et de mettre à jour régulièrement toutes les informations sismiques. Des lasers et d'autres instruments de détection sismique sont maintenant utilisés dans certaines régions du monde pour mesurer les pressions terrestres. D'autres sont prévus, d'autres sont nécessaires de toute urgence. Des plans sont également à l'étude pour injecter des fluides ou organiser des explosions nucléaires souterraines pour affaiblir, voire empêcher les tremblements de terre. Des réflexions et des projets se développent sur les environnements contrôlés ou totalisés comme protection contre les rapacités de la nature. L'utilisation de lunes artificielles ou de satellites pour contrôler les marées et les inondations. Des changements climatiques importants à travers des projets nucléaires pour modifier les courants océaniques froids, détroits de barrage, font fondre certains icebergs, etc... La prévision et la modification des conditions météorologiques, bien qu'elles n'en soient qu'à leurs balbutiements, contribuent déjà à sauver des dizaines de milliers de vies chaque année et à réduire les dommages aux cultures et aux biens. Par exemple, on estime que sans une alerte précoce par satellite, l'ouragan Camille aurait tué plus de 50 000 personnes aux États-Unis en 1969. Mais la nature terrorise toujours la vie sur cette planète : inondations, incendies, tremblements de terre, tempêtes de grêle, raz de marée, ouragans, tornades, typhons... Il faut arrêter ce carnage. Chaque décennie, plusieurs millions d'humains meurent dans de telles catastrophes. Nous devons apprendre à réguler le temps dans nos communautés et sur toute la planète aussi facilement qu'avec un tour de cadran nous réglons maintenant la température dans nos maisons, stades, centres commerciaux. Nous devons aussi apprendre à manipuler les cycles naturels tels que les saisons, nuit et jour, au lieu d'être manipulés par eux. Nous devons décider quel type de saisons nous voulons, dans quel ordre et à quelle fréquence. Nous devons également avoir la liberté de décider des cycles du jour et de la nuit plutôt que d'être programmés par leur arbitraire. Nous continuerons à étendre nos influences sur ces cycles à mesure que nous deviendrons de moins en moins dépendants de l'agriculture conventionnelle et que nous développerons de nouvelles technologies. Nous devons lancer un programme mondial mettant en orbite des satellites solaires pour relayer la lumière du soleil à toute heure du jour ou de la nuit. Une communauté entière ou des parties d'une communauté peuvent allumer instantanément la lumière du jour ou le soleil à n'importe quelle heure comme nous allumons maintenant l'électricité ou les satellites de communication. Ces satellites solaires nous permettront également de contrôler le degré de lumière du jour ou d'obscurité. Si, par exemple, nous voulons que tout le monde sur le continent ou sur la planète participe à un événement tel qu'un référendum mondial ou une fête mondiale, nous pouvons allumer la lumière du jour sur le monde entier. Nous devons lancer un programme d'urgence pour verdir la planète entière. À l'heure actuelle, nous occupons moins d'un cinquième de la masse terrestre de notre planète. Pendant des siècles, nous avons été exclus de vastes zones hostiles de cette planète. Même les zones les plus conviviales que nous habitons nous ont bousculés et repoussés, mutilés et écrasés, noyés et enterrés à volonté. La violence des animaux et des humains est une preuve suffisante des cruautés de l'environnement. Grâce à la technologie moderne, nous transformons maintenant les déserts, les jungles, les continents de glace en zones habitables. Les Russes ont détourné le cours d'un fleuve gigantesque pour reconquérir de vastes steppes, les Hollandais ont conquis de vastes terres sur la mer, les Saoudiens, les Égyptiens et les Israéliens ont converti des déserts en jardins, d'autres ont créé des îles, des lacs, des rivières, des collines... Des explorations multinationales des océans se poursuivent actuellement dans le but d'établir de vastes communautés sous-marines. L'Agence des Nations Unies pour l'environnement doit entreprendre un programme d'urgence pour étudier et planifier de vastes changements géologiques et un jardinage mondial pour transformer la planète entière de la jungle brutale qu'elle a été en un paradis magnifique et convivial. Il ne suffit pas de refaire la planète. Nous devons nous étendre au-delà de cette planète. Nous limiter à ce point infinitésimal dans l'espace, c'est limiter notre potentiel de croissance cosmique. Pour transcender vers une évolution supérieure, nous devons transcender notre habitat terrestre. Nous avons déjà fait les premiers pas. Nous sommes au début de l'ère spatiale. Nous avons visité à plusieurs reprises la lune, envoyé des engins spatiaux vers Vénus, Mars, Jupiter, et dans l'espace interstellaire, prévoyons des visites vers les planètes extérieures, avons déjà installé des stations spatiales et d'autres sont prévues. Dans les années à venir, des centaines puis des milliers de personnes vivront en orbite terrestre. Plus tard encore nous habiterons d'autres planètes, d'autres systèmes solaires et galaxies... En transcendant de nouvelles dimensions dans l'espace, nous transcendons de nouvelles dimensions de l'existence. Précisément à cause de son ampleur, beaucoup de gens ont eu du mal à comprendre la dimension spatiale. Incapables de faire face, ils rationalisent : nous devrions dépenser l'argent pour des choses plus importantes. Pourquoi voulons-nous y aller de toute façon ? Et ainsi de suite. Les protestations sont compréhensibles. Il faut des psychismes relativement forts pour accepter une perturbation d'une telle ampleur. Il faut aussi de l'imagination. Le fait est que la percée spatiale révolutionne tous les aspects de la vie sur Terre. Tous nos systèmes sociaux, médicaux, éducatifs, économiques, politiques, nos technologies, nos modes de vie, philosophies, notre image de soi, se déplacent massivement vers l'ère spatiale. Directement et indirectement, chaque aspect de la vie humaine bénéficie de la percée spatiale. Néanmoins, les résistances persisteront pendant un certain temps. C'est en quelque sorte une vieille histoire. À travers les âges, les plus timides de notre espèce ont toujours mis en garde contre le fait de s'éloigner et de franchir de nouvelles étapes. D'abord, c'était : ne quittez pas la grotte. Puis : ne quittez pas la tribu. Ne quittez pas la maison. Ne quittez pas le village. Ne quittez pas la patrie. Maintenant : ne quittez pas la planète. Une autre raison qui aggrave ces résistances est que les gens pensent que l'espace est sombre et froid. C'est principalement parce que l'espace est le plus visible la nuit quand nous pouvons voir la lune, les étoiles, les galaxies. L'espace est donc ténèbres et des ténèbres effrayantes. Bien sûr, l'obscurité n'a pas besoin d'être effrayante. Lorsque nous aurons surmonté nos peurs primitives des ténèbres, nous trouverons le mystère de la sécurité et la beauté dans les ténèbres. De plus, à mesure que nous continuerons à nous déplacer dans l'espace, nous développerons la capacité de voir à travers l'obscurité plus facilement que nous ne le voyons actuellement à la lumière du jour. Les ténèbres seront sans importance. Enfin, l'espace n'est pas que ténèbres et froid. Il y a des soleils dans l'univers des milliards de fois plus grands que notre petit soleil. Des régions de l'univers plus brillantes et plus agréables que notre voisinage solaire. Des zones de l'univers qui ne connaissent jamais l'obscurité, baignées de lumière solaire perpétuelle et de lumière galactique d'une brillance fantastique et de belles couleurs comme nous n'en avons pas ici.

La dimension temporelle

Du bouleversement à deux volets contre nos principales limitations humaines, la dimension temporelle (biologique) est la plus immédiatement importante. En modifiant la biologie humaine, nous modifions notre situation dans l'espace, libérant l'organisme humain. À partir de maintenant, nous devons travailler vers un concept entièrement nouveau de l'humain : le posthumain. Il faut refaire l'humain. Pour refaire l'humain, il faut commencer par refaire le corps humain. Le corps a été notre plus grand complexe. Notre obstacle le plus sérieux à une évolution supérieure. Trop impuissants pour faire quoi que ce soit sur notre corps primitif, nous nous sommes lavé le cerveau pour le considérer comme une merveilleuse invention de la nature. Les puristes biologiques idéalisent même le corps humain. Ils se contentent de très peu. Ils refusent de voir le corps humain tel qu'il est vraiment : un mécanisme primitif hérité de nos origines animales, défectueux fragile limité périssable. Même le jeune homme le plus puissant est très fragile. Une piqûre d'épingle le fait saigner. Un faux pas et il tombe, se cassant la jambe. Un coup sur la tête et tout le corps robuste s'effondre. Cent vingt garçons et filles jouant joyeusement dans une salle de danse sont soudainement piégés dans un incendie et brûlés vifs. Trois cent mille hommes, femmes et enfants se noient dans un raz de marée. Hier, dans une station balnéaire, cinq jeunes gambadaient dans les vagues. Soudain, l'un d'eux s'est noyé. Un moment, il était un être humain plein de vie et de rire. Quelques minutes plus tard, il était réduit à rien - une masse de chair sans vie. Je connais un bel homme de quatre-vingts ans plein de vision et d'espoir. En esprit et en idéalisme, il est aussi jeune que le jeune le plus dynamique. Pourtant, son corps est vieux et flétri. Un jour, bientôt, son corps mourra de vieillesse, entraînant avec lui sa jeunesse d'esprit et d'esprit... Tout cela n'a aucun sens. Cela n'a aucun sens. Nous devons nous rebeller contre la vulnérabilité du corps humain. Nous sommes tous trop exposés, trop fragiles. À tout instant, nous pouvons être estropiés ou mutilés à vie. À tout instant, nous pouvons soudainement cesser d'exister. Nous traversons tous la vie au bord d'un précipice. Un faux pas, juste un faux pas, et nous cessons d'exister pour toujours. Il est scandaleux qu'un phénomène aussi beau que la vie soit enfermé dans une chose aussi fragile que le corps. La vie est maintenant trop précieuse, trop pleine de potentiels fantastiques pour être à la merci d'une chose aussi précaire que notre corps primitif.

Tout cela est-il une négation du corps humain ? Oui. Absolument oui. Je nie ce corps animal/humain. Ce corps tellement programmé et semblable à un robot. Ce corps si seul et non libre. Si sensible à la douleur et à la violence. Ce corps si fragile et vulnérable. Mon esprit, cet esprit humain qui est le mien, s'envole dans les cieux gratuitement, sans programmation, sans peur, tendant la main à tous mes frères humains, s'étendant dans l'infini et l'éternité - mais mon corps, lié à l'espace et au temps, le ramène en arrière. Pourquoi alors accepter ce corps limité ? Tant que nous serons confinés à nos corps archaïques, nous resterons piégés à un niveau primitif d'évolution.

Nous ne devons pas accepter le corps humain. Ne vous en contentez plus jamais. Il faut modifier la carrosserie, redessiner et la refaire entièrement. Nous devons nous désanimaliser. Nous n'avons pas choisi notre corps. Nous n'avions rien à dire à ce sujet. Elle nous a été imposée par l'évolution, elle-même influencée par l'environnement hostile. Mais nous pouvons maintenant refaire le corps humain en quelque chose de beau fluide varié et durable. En quelque chose exprimant nos nouvelles visions. Le corps humain est désormais obsolète. Nous avons déjà des systèmes créés par l'homme qui peuvent faire à peu près tout ce que le corps peut faire. Bientôt, nous reproduirons même la vie humaine en dehors du corps. À l'exception du cerveau humain, tout ce qui concerne le corps est primitif, appartenant au stade animal de notre évolution. Manger, boire, déféquer, se reproduire, dormir, marcher, mourir, tout cela est animal/humain. Le corps lui-même n'a guère changé au cours des deux ou trois derniers millions d'années. Seul l'esprit humain a évolué. Je ne suis plus mon corps. Ce corps est simplement une extension physique de moi. Les organes de mon corps, la chair, le liquide, les déchets, les membres et les os, tout cela devient accessoire à mon existence. Ils font tous partie du moi-animal, du moi-primitif. Autrefois indispensables à ma survie, elles sont aujourd'hui de plus en plus superflues. Seul mon esprit a transcendé l'animal. Mon esprit seul est exclusivement humain. Mon corps fait partie du passé, mon esprit seul fait partie du futur. Peut-être que le futur divisera l'évolution humaine en deux grands âges. Âge un : le stade animal/humain auquel la vie était enfermée dans un corps animal/humain et donc limitée par la nature et par le temps et l'espace. Âge deux : le stade post-animal/humain auquel nous avons évolué au-delà de l'animal/humain et donc libre dans le temps et dans l'espace. Nous arrivons maintenant à la fin de l'âge un et commençons à passer à l'âge deux.

Nous avons déjà commencé à modifier le corps humain. Le corps n'est plus ce que les puristes imaginent qu'il soit. Comment commençons-nous à refaire le corps humain ? Quels sont certains des potentiels de changements biologiques plus étendus ? Chirurgie reconstructrice. Nous procédons maintenant à de vastes changements physiologiques permanents. Modification de l'architecture de la tête : liftings et greffes de cheveux, redessin des yeux, des oreilles, du nez, des lèvres, des pommettes, de la mâchoire, du menton. Rides oblitérantes, imperfections, fentes. Les chirurgiens pratiquent également de vastes sculptures corporelles : augmentation et réduction mammaires, raffermissement du ventre, coupe des cuisses, remodelage des fesses, refonte de la forme des pieds. Les altérations sexuelles conduisent à une augmentation de la transsexualité. Les pénis et les testicules sont maintenant construits ou retirés, les vagins et les seins créés ou retirés, des hystérectomies sont effectuées. On estime qu'aux États-Unis seulement, chaque année, près d'un million de personnes subissent une chirurgie esthétique ou prothétique. De telles reconstructions et remodelages du visage et du corps sont également répandus en Europe, Asie, Amérique latine et ailleurs. Les chirurgiens plasticiens sont convaincus que dans un avenir proche, ils seront en mesure d'apporter des changements plus totaux, tels que refaire toute la taille et la forme du corps, refaire tout le visage - modifier la couleur de la peau... Au fur et à mesure que nous procédons à des changements plus importants, l'identité biologique aura de moins en moins de sens. Quelle est votre taille ? Quelle est ta race ? Votre sexe ? La couleur de votre peau et de vos cheveux ? Tout cela devient inutile. Vous êtes transracial, transsexuel, transphysique. Quel âge as-tu ? Cela aussi est sans importance. Je suis né il y a quarante-deux ans. Mon nouveau visage a quatre ans. Mon postiche de deux ans. Mon rein dix-huit mois. Mes artères en Dacron sept mois... Ingénierie génétique. Chaque année, les mystères de la cellule humaine sont déchiffrés, l'ADN créé, les techniques développées pour la chirurgie génétique la manipulation de gènes, la greffe de gènes, la commutation de gènes, la suppression de gènes. Des interventions génétiques aussi poussées ne nous permettront pas seulement de corriger des problèmes génétiques ou héréditaires. Ce qui est infiniment plus transcendant, elles nous permettront pour la première fois de créer des genres, des corps et des formes de vie entièrement nouveaux : la vie posthumaine. Les biologistes, les généticiens et les scientifiques de l'espace discutent et planifient maintenant la création de nouveaux mutants. Des personnes avec des têtes

185

plus grosses pour accueillir des cerveaux plus gros. Des corps plus petits pour une plus grande adaptabilité. Processus de vieillissement plus lents. Modifications spécifiques pour les voyages spatiaux et la colonisation extraterrestre. Des peaux avec des motifs et des dessins de couleurs différentes. Membranes greffées ou implantées permettant à l'individu de vivre sous l'eau et de voler. Des surhumains dotés de connaissances génétiquement programmées, d'intelligences et de corps supérieurs, etc... De telles projections sont précieuses. D'une part, ils éloignent les gens du traditionalisme biologique. Ils contribuent à faire prendre conscience de nos potentiels émergents. Nous devons impliquer de plus en plus de personnes dans ce bouleversement biologique afin de pouvoir décider ensemble des améliorations génétiques. Ayant toujours été des créatures de l'évolution, nous en devenons maintenant les créateurs. Pour prendre des décisions biologiques judicieuses, nous devons être bien informés et bien impliqués.

Le Cyborg (humain/machine). Individus porteurs de valves cardiaques en Dacron, stimulateurs cardiaques transistorisés, membres électroniques, vessies électroniques, seins en silicone, lentilles de contact, dents en porcelaine... Nous avons aussi des robots, des téléopérateurs, des ordinateurs, des systèmes automatisés et cybernétiques remplissant de plus en plus de fonctions humaines, mentales, managériales et physiques. Ce n'est qu'un début. La fusion de l'humain et de la machine prend de l'ampleur. Nous perdrons de plus en plus d'organes d'animaux et incorporerons de plus en plus de substituts créés par nous-mêmes. Tout cela conduira-t-il à des personnes artificielles ? Absolument pas. Tout cela conduit à des personnes créées par l'homme. Plus nous refaçonnons nos corps, plus nous transcenderons l'animal/humain. Je fais bien plus confiance à la sagesse cumulative des humains qu'au lent fonctionnement arbitraire de l'évolution conventionnelle. Les millions de personnes qui portent des lentilles de contact ou qui ont de nouvelles dents ou de nouveaux seins sont-elles artificielles ? Quand une personne devient-elle artificielle ? Que se passe-t-il si vous portez un appareil auditif et que vous avez de nouvelles dents, puis que vous avez soudainement besoin d'un nouveau rein pour vous maintenir en vie et que vous avez ensuite besoin de nouvelles valves cardiaques et encore plus tard de remplacements osseux ; devrions-nous vous laisser mourir ou vous donner de nouvelles pièces pour vous aider à profiter d'une vie active ? Quand devrions-nous arrêter d'aider, de peur que vous deveniez artificiel ? Qu'y a-t-il de si sacro-saint dans ce soi-disant corps naturel pour que nous devrions le laisser intact ? Qu'y a-t-il de si beau dans notre foie ou notre rein d'animal, ou dans n'importe quel morceau de chair ou morceau de peau ? Le cul d'un cheval, c'est aussi de la peau. Qu'y a-t-il de si romantique dans cette structure naturelle qui présente un risque d'incendie, fortement polluée, mal ventilée, mal isolée et handicapée par d'innombrables autres défauts structurels. Tout étudiant en architecture sait qu'il n'est même pas esthétique de placer la cour de récréation si près de l'égout. L'enfer avec ce corps naturel qui n'est guère plus qu'un robot, un mauvais robot, limité temporaire débraillé. C'est notre corps animal/humain qui est maintenant artificiel. Il ne peut même pas suivre nos nouvelles visions et rêves. Nous pouvons nous-mêmes créer de beaux corps durables beaucoup plus polyvalents. Encourageons la tendance actuelle à la désanimalisation de nos corps. Remplacer nos organes animaux par des parties créées par l'homme. Engageons-nous tous à planifier des améliorations radicales dans nos corps primitifs. Améliorons par exemple nos yeux non seulement en implantant des lentilles de contact, mais aussi des microradars et des sonars microlasers nous permettant de voir à travers les objets à travers l'obscurité et le brouillard et à de grandes distances. Améliorons nos oreilles non seulement en implantant des aides auditives miniatures, mais aussi des antennes miniatures qui peuvent syntoniser les voix et les sons de n'importe où sur cette planète et de très loin dans l'espace. Débarrassons-nous de nos estomacs et de nos intestins pour implanter à la place un laser miniature ou une télévision connectée à des stations satellites afin que nous puissions communiquer instantanément avec n'importe qui n'importe où. La communication, et non la nourriture, sera l'alimentation du futur. Débarrassons-nous de nos poumons et greffons à la place des branchies et implantons des clapets anti-gravité nous aidant à trans-vivre dans les océans et dans les airs. La marche est primitive. Les posthumains seront libres d'espace. Nous volerons, glisserons et planerons... Implantons des électrodes sous la peau afin que nous puissions mieux contrôler nos esprits, nos émotions, nos corps, et ne pas être manipulés par eux. Autocontrôlons nos ondes cérébrales pour effacer instantanément la douleur et la souffrance, stimulons instantanément les plaisirs et les extases, les visions et les rêves et le rappel total de toute expérience du passé. Renforçons et élargissons également la communication télé-psychique en implantant des électrodes pour se brancher directement sans paroles ni gestes aux autres télé-humains. Brancher pour fusionner et se scinder, fusionner et séparer. Être un et être plusieurs. Être seul et ne pas être seul. Que je sois toi et que tu sois moi. Voici un moyen d'apaiser la solitude et l'isolement biologique. Implantons des micro-ordinateurs dans notre corps afin que nous puissions stocker des informations illimitées nous permettant de les récupérer à volonté et de résoudre instantanément des problèmes complexes n'importe quand et n'importe où. Débarrassons-nous des cheveux sur nos têtes en attachant à la place un bonnet solaire qui peut puiser dans l'énergie solaire, nous aidant à rester énergisés (nourris) pour toujours. Insérons un synthétique de type Dacron ou un isolant chimique sous la peau pour la protéger des brûlures, du gel, des déchirures, de la corrosion. Si ce n'est pas faisable, renonçons complètement à notre peau et concevons une nouvelle enveloppe durable, non périssable et suffisamment fluide pour modifier facilement ses motifs de couleur. D'innombrables autres façons, nous pouvons et nous allons refaire l'organisme humain. Aujourd'hui même, dans des centres de recherche

Up-Wingers

autour de la planète, des bioingénieurs, des biocybernéticiens, des médecins pionniers, des scientifiques de l'espace et d'autres sont au travail pour concevoir de nouveaux organes du corps, de nouvelles techniques de greffes et d'implants et d'autres moyens d'améliorer la qualité de la vie humaine et son adaptabilité à des environnements radicalement nouveaux.

L'immortalité. La plus grande tragédie de la condition humaine est la mort. La mort et son imminence ont apporté plus de chagrin et d'anxiété que toutes les autres forces combinées. Chaque personne meurt plusieurs fois. Non seulement, nous supportons l'imminence de notre propre mort, mais nous mourons un peu avec la mort de tous ceux que nous aimons. Le problème humain le plus urgent auquel nous sommes confrontés est la mort. Nous devons commencer à partir d'ici. Tous les autres problèmes sociaux sont secondaires. Quand on parle de priorités, qu'y a-t-il de plus urgent que ce problème global de la mort ? La mort est maintenant une tragédie plus grande que jamais. Pour autant que nous sachions aujourd'hui, la mort est une fin. Il n'y a pas d'au-delà, pas de ciel, pas de paradis, pas d'enfer, pas de renaissance. La mort est définitive. Une fois que vous mourrez, vous n'entendrez plus jamais parler de vous. Plus que jamais il est donc urgent de vaincre la mort. La conquête de la mort est l'unique triomphe transcendant qui désamorcera d'un coup tous les autres problèmes humains. Lorsque nous atteindrons l'immortalité physique, nous aurons automatiquement désamorcé des problèmes séculaires tels que la violence, le crime, les guerres, la maladie, la pauvreté, la faim, la concurrence, l'aliénation, l'anxiété... Une fois que nous aurons atteint l'immortalité, tout sera possible. Le bouleversement que nous lançons contre la mort est donc le plus urgent. Jusqu'au début des années 1960, l'immortalité était encore un concept métaphysique. Puis il a commencé à passer au domaine de la science. Aujourd'hui, dans les centres de recherche de la planète, des millions de dollars sont dépensés chaque année dans le bouleversement contre la crise la plus grave de l'humanité. La volonté de refaire le corps humain vise finalement à vaincre la mort. Ce bouleversement contre la mortalité qui prend désormais de l'ampleur peut être divisé en deux phases. Première phase. Mesures palliatives pour prévenir la mort. Celles-ci incluent des mesures anti-âge, contrôle de l'alimentation et jeûne systématique, hormones rajeunissantes manipulation moléculaire pilule anti-âge, air ionisé rajeunissant, simulation de faible gravité pour diminuer les pressions sur le cœur et les autres organes, greffes d'organes, régénération des parties du corps, rincer l'accumulation de déchets dans les cellules, médicaments immunosuppresseurs, animation suspendue, congeler le corps immédiatement avant ou après la mort pour le faire revivre dans le futur, hibernation à long terme, une technique pour retarder le vieillissement en attendant un moment futur où l'immortalité elle-même pourra être atteinte, clonage, dépôt de cellules corporelles dans une banque de cellules ou auprès d'un médecin. En cas de décès accidentel, les cellules pourraient être clonées pour reproduire le double génétique exact du défunt, assurant une sorte de quasi-immortalité biologique. Combinaison de survie[15]. (LSS) Un vêtement une pièce unisexe moulant toute l'année. Chauffage et climatisation intégrés pour assurer une température corporelle confortable à tout moment. Résistant au feu et indéchirable. Gonflage instantané pour protéger le porteur de la noyade ou, en cas d'accident ou de collision, protéger des blessures et de la mort. Un couvre-chef transparent léger avec télé-communicateur bidirectionnel. Le LSS comprend

---

[15] *Life Support Suit*

également un système de surveillance corporelle relié à des centres de télé-médecine pour une surveillance constante des fonctions corporelles. En cas de dysfonctionnement imminent d'un organe ou autre trouble, il est automatiquement conseillé au porteur de prendre les précautions nécessaires. En cas de mort subite, la température dans le *Life Support Suit* est instantanément abaissée au niveau le plus froid pour protéger le corps et en particulier le cerveau des dommages en attendant la suspension cryonique. Les techniques ci-dessus n'assurent pas par elles-mêmes l'immortalité. Ce sont simplement des mesures palliatives pour nous aider à gagner du temps. Par exemple, de nombreux progrès ont déjà été réalisés dans les méthodes anti-âge. Les scientifiques sont maintenant optimistes que d'ici les années 1990, nous serons en mesure de retarder le vieillissement de façon spectaculaire. Un grand nombre de personnes vivront jusqu'à 150 ans ou plus. Mais que se passe-t-il si une personne se noie, est brûlée vive ou tuée dans un accident ? Aucune technique anti-âge ne vous aidera. Des progrès sont également réalisés dans la suspension cryonique de la vie. Mais que se passe-t-il si une personne meurt dans une zone isolée et que le corps ne peut pas être congelé immédiatement ? Les dommages au cerveau seront irréversibles et aucune congélation n'aidera. Que faire en cas de dysfonctionnement de la combinaison de survie ? La première phase, bien que rassurante, n'est donc guère la réponse. Phase deux. L'atteinte effective de l'immortalité. Il s'agit d'un mouvement à plus longue portée, le génie génétique. Il sera possible dans les décennies à venir d'apporter des modifications génétiques importantes au corps humain en excisant nombre de nos organes périssables, en greffant ou en insérant à la place des parties du corps entièrement nouvelles qui seront auto-régénérantes ou facilement remplaçables. Cyborg ou télé-humain. Comme je l'ai expliqué plus tôt, nous remplaçons déjà de nombreux organes du corps par des parties créées par l'homme. Cette tendance persistera jusqu'à ce que nous ayons refait tout le corps humain. Nous créerons des corps durables, polyvalents et esthétiquement attrayants pour le cerveau. Encore plus tard, nous pouvons isoler le cerveau, le miniaturiser entièrement quand on le souhaite en une unité de plus en plus petite jusqu'à ce qu'il devienne une particule minuscule, une vie transmatérielle capable de se rematérialiser sous de nombreuses formes et de se dématérialiser à nouveau d'avant en arrière à volonté pour appartenir à Tout-Temps Tout-Espace.

Up-Wingers

C'est précisément cette ancienne orientation vers la mort qui nous empêche de lancer un mouvement mondial d'urgence pour vaincre la mortalité. Les humains sont encore trop axés sur la mort, trop culpabilisés, trop soumis et fatalistes pour exiger l'immortalité. L'espérer même. L'avenir se retournera sur notre époque, étonné que l'humanité ait été si près d'atteindre l'immortalité tout en ayant si peu fait. Les dirigeants politiques et les révolutionnaires autoproclamés exhortent encore leurs partisans à se battre jusqu'au bout. « Si vous n'avez pas de raison de mourir, vous n'avez pas de raison de vivre », disent-ils. Ces dirigeants et les mouvements qu'ils lancent sont embourbés dans l'ancien monde orienté vers la mort. Ils ne peuvent toujours pas voir que la vie elle-même est la plus grande révolution. Que perdre la vie, c'est perdre tous les droits, toutes les libertés, tout. De plus, certains spécialistes des sciences sociales et philosophes insistent encore pour que nous acceptions la mort. « Seul parmi les vivants, il sait qu'il mourra », disent les psychologues existentiels. Seuls parmi les vivants, nous, les humains, savons ou devrions savoir que nous pouvons vaincre la mort. Dans toutes leurs exhortations à accepter la douleur et la mort, j'entends des échos de la résignation de l'ancien monde. Peut-être même un désir de mort. Ils ont fait une vertu de ce qui était une nécessité. Nous, les *Up-Wingers*, construisons un nouveau monde qui ne se résigne à rien, pas de souffrance ni de mort. Nous voulons vaincre la mort. Ne nous demandez pas d'accepter la mort. Nous ne sommes prêts qu'à accepter la vie. Le jour viendra où la mort d'un seul être humain sera si rare et tragique que les nouvelles diffusées à travers la planète stupéfieront l'humanité. Hâtons-nous ce jour où la mort sera quelque chose de notre passé, devant nous, seule la vie.

Au-delà de l'utopie

Les philosophes contemporains déclarent que nous, les humains, nous nous efforçons d'être Dieu. D'autres, plus critiques, nous reprochent de "jouer à Dieu" avec arrogance. Ils avertissent des conséquences désastreuses. Ces critiques sont absurdes. Nous, les humains, ne voulons pas être Dieu ou jouer à Dieu. Nous aspirons à bien plus. Dieu était un concept grossie, vengeur courroucé, destructeur. Nous, les humains, voulons évoluer au-delà de Dieu. Tout cela est-il utopique ? Irréaliste ? C'est ce que s'empressent d'accuser les pessimistes et autres détracteurs de

Up-Wingers

l'humanité. Mais qu'est-ce que l'utopie ? Qu'est-ce que le réalisme ? En 1950, le concept même de vivre avec un nouveau cœur ou rein était considéré comme une utopie irréaliste. Il en va de même pour l'idée de visiter une autre planète. À notre époque, le réalisme signifie suivre le rythme de notre situation en évolution rapide, conscient que ce qui est irréaliste ou utopique aujourd'hui est la réalité le mois prochain ou l'année prochaine. Le monde moderne a déjà évolué au-delà de l'utopie. Pendant des siècles, l'utopisme a été fondé sur les conditions puritaines du travail acharné et de la vie collective simple. Comme je l'ai déjà expliqué, nous renonçons à la mystique du travail acharné et de la vie simple. Nous aspirons aux loisirs et à la créativité et à la Vie Universelle Fluide. Par-dessus tout, nous aspirons à de nouvelles dimensions dans l'existence humaine ; nous voulons nous étendre à travers l'infini et l'éternité. Cette dimension cosmique commence tout juste à se dévoiler. Il n'aurait pu être anticipé par aucun penseur, utopiste ou autre. L'utopisme est maintenant trop modeste. Nous, *Up-Wingers*, sommes au-delà de l'utopie, au-delà des rêves les plus utopiques, des philosophes les plus utopiques. Nous sommes cosmiques.

Up-Wingers

Allons-nous trop vite ? Certains critiques sociaux le pensent. Ils soutiennent que les gens ont des difficultés à faire face aux changements rapides. Ce qui m'étonne, ce n'est pas que quelques personnes aient des difficultés à faire face à certains aspects du changement, mais la facilité avec laquelle la plupart des gens s'adaptent au changement, même à des percées scientifiques monumentales. Au cours des deux dernières décennies seulement, le monde entier a subi des bouleversements phénoménaux. Dans une succession rapide, nous avons navigué à travers plusieurs âges. Nous nous en sommes remarquablement bien sortis. Une fois que le changement a eu lieu, la plupart des gens s'adaptent. Ils résistent alors aux nouvelles avancées. Le phénomène dominant aujourd'hui n'est pas le problème de faire face à des progrès rapides, mais la clameur en faveur de plus en plus de progrès. Cela est clairement évident dans tous les mouvements de jeunesse qui se répandent, les mouvements de femmes, la poussée vers le régionalisme, le bouleversement biologique, les percées technologiques, l'émergence rapide de valeurs et d'institutions universelles... Nous, les humains, sommes remarquablement adaptables et résilients. Cette adaptabilité elle-même se répand quotidiennement à mesure que les gens grandissent conditionnés à des changements rapides. Plus on avance, plus on a envie d'avancer. Il n'est ni possible ni même souhaitable de ralentir les progrès. Nous devrions plutôt nous efforcer de guider notre percée vers l'avant. Ce n'est pas le moment de se retenir, de ralentir, d'hésiter ou de patauger de désespoir. Nous voulons passer à autre chose. Nous voulons continuer. Nous avons trop de vieux problèmes à résoudre. Trop de nouvelles visions à réaliser. C'est une époque glorieuse de l'évolution humaine. Une ère de potentiels explosifs. Nous commençons à peine à tester nos ailes. En cette fin de XXème siècle, nous, *Up-Wingers*, lançons un bouleversement plus grand que n'importe quel mouvement plus grand que n'importe quelle révolution dans tout notre passé. Il s'agit d'un bouleversement cosmique qui ne nous catapultera pas simplement vers une histoire supérieure comme le visionnaire Nietzsche[16] l'avait anticipé, mais vers quelque chose de bien plus transcendant, une évolution supérieure. N'ayons pas peur de la vision et de l'espoir. C'est l'audace des visionnaires qui nous a amenés si loin des

---

[16] Friedrich Nietzsche, philosophe allemand né en 1844, mort en 1900, a pensé le concept de la Volonté de Puissance.

sombres marais primordiaux, à l'endroit où nous sommes aujourd'hui. Atteindre les galaxies, atteindre l'immortalité !

Up-Wingers

Glossaire

Termes que j'ai utilisés dans *Optimism One — Up-Wingers — Telespheres*

Anti-Futur: Résister au futur. Pessimiste. Réactionnaire.

Astrocolonies : Communautés habitées dans l'espace.

Fondamentalisme biologique : Un nouveau conservatisme qui résiste à la reproduction asexuée, au génie génétique, qui modifie l'anatomie humaine - qui surmonte la mort. Les fondamentalistes biologiques résistent à l'évolution de l'humain vers le posthumain.

Bouleversement Cosmique : Le changement radical et soudain de notre situation de base dans le temps et dans l'espace. Ce bouleversement de la fin du XXème siècle passe principalement par la révolution biologique et la percée spatiale.

Up-Wingers

Désanimaliser : Remplacer nos organes et parties du corps animales par des implants sans chair durables et indolores. Toutes les pièces qui améliorent l'évolution rapide seront conservées. Le reste est dispensable.

Décharner : Remplacer la chair par de la non-chair.

Earthnicity : Provincialisme de la planète Terre. Alors que nous continuons à nous répandre au-delà de cette planète, nous dépassons l'*earthnicity*. Nous devenons de plus en plus universels.

Freefly : Utilisation d'une ceinture fusée ou d'une autre technique pour voler à volonté. *Freefly* révolutionnera totalement tous nos concepts séculaires de corps, transport, communication, maisons, communautés. Pourquoi marcher ou courir quand on peut voler librement ? Pourquoi des jambes ? Pourquoi des véhicules terrestres ? Pourquoi des habitations ou des communautés au sol alors que les gens peuvent entrer par les fenêtres ou entrer et sortir des habitations et des communautés suspendues ?

Systèmes infinis : Réplicateurs. Au XXIème siècle, les systèmes infinis nous permettront de reproduire n'importe quel produit ou objet indéfiniment.

Up-Wingers

Communauté instantanée : Nouveaux concepts de communauté au-delà des villages et des villes permanents enracinés. (Voir Télé-communauté).

Rythme de vie : Style de vie basé non seulement sur les valeurs et l'environnement, mais aussi sur les biorythmes individuels.

Life Support Suit (LSS) : Résistant aux intempéries, résistant au feu, résistant aux chocs, résistant à la noyade, vêtements pare-balles offrant une protection continue contre la plupart des dangers extérieurs. Cette combinaison de survie légère toute l'année est également reliée en permanence aux installations de télémédecine pour une surveillance continue des fonctions corporelles de l'individu. En cas de détériorations physiologiques imminentes, l'individu est instantanément alerté. En cas de mort subite, la température à l'intérieur du LSS chute au froid maximum pour protéger le cerveau de la dégénérescence en attendant la suspension.

Planification à long terme : Planification pour les quarante ou cinquante prochaines années. Au-delà de 2020, c'est le futur lointain. La situation humaine aura changé de manière si méconnaissable qu'il est superflu de planifier maintenant.

Up-Wingers

Futur moyen : jusqu'en 2020 environ.

Micro-énergisants : Micro-alimentateurs solaires ou nucléaires implantés dans le cerveau ou le corps pour fournir une alimentation automatique continue.

Mobilia : L'étape au-delà de la famille et de la communauté. Une *mobilia* est une commune fluide, une transcommunauté. Les gens se connectent pendant quelques jours, semaines ou mois, puis se déconnectent. Locations de groupe été ou hiver, clubs de villégiature, hôtels modernes ; les auberges de jeunesse sont les précurseurs des *mobilias*.

Villes musées : Toutes les villes existantes sont des monuments féodaux/industriels et donc historiques. Paris, Londres, Rome, Moscou, Jérusalem, Le Caire, Tokyo, New York, San Francisco, ces villes et d'autres sont toutes des villes musées. Trop archaïques pour être modernisées. Trop précieux pour être démoli. Trop vieux pour y vivre. Nous devrions les convertir en musées complets et nous en aller.

Implants non charnels : Les humains ont créé des substituts pour nos parties animales fragiles et inefficaces. Ces substituts non charnels sont souvent stigmatisés comme artificiels. Ils n'ont rien d'artificiel.

Up-Wingers

Tout ce qui est de ce monde est intrinsèque au monde et ne peut donc pas être artificiel. Les implants non charnels sont au cœur des transhumains et télé-humains émergents.

Nuplex : Complexe nucléaire. (J'ai emprunté ce terme aux écrits du Dr Glen T. Seaborg et de William R. Corliss.)

Ancien monde : Féodal/industriel.

Optimisme : Une philosophie totalement nouvelle spécifiquement fondée sur deux percées évolutives : notre nouvelle situation dans le temps et dans l'espace. Nous sortons des limites de nos corps d'animaux mortels pour prolonger indéfiniment chaque vie humaine. Nous sommes aussi soudainement en train de dépasser nos origines terrestres, éclatant sur un univers infini de ressources infinies et de potentiels infinis.

Optimism One : Le premier âge de l'optimisme. La toute première fois qu'une philosophie de l'optimisme est devenue plausible.

Planétisation : Mondialisation. Voie unique : projeter ou planifier des changements dans un domaine sans tenir compte des progrès qui se déroulent à tous les niveaux de toutes les sociétés.

Solplex : Complexe d'énergie solaire.

Télébio : Systèmes biologiques télé-liés entre eux et avec des centres de communication.

Télécom (télécommunication) : Télévision, téléphone, télex, téléordinateur, visiophone, satellite de communication, laser, etc...

Télécommunauté : Nouveaux concepts de communauté, au-delà des villages féodaux enracinés et des villes industrielles. Les télécommunautés sont instantanées, fluides, universelles. Les gens de toute la planète convergent en personne et via les télécommunications. Ils se lient pendant quelques jours, semaines ou mois, puis déconvergent. Les communautés instantanées, les communautés mobiles, les foires mondiales, Disneyworlds, les festivals de cinéma ou de musique, les aéroports modernes, les événements vidéo mondiaux, sont tous des précurseurs des télécommunautés du XXIème siècle.

Télé-économie : Un nouvel ordre économique au-delà du capitalisme/socialisme de l'ère industrielle. La télé-économie est issue de la nouvelle télé-technologie, des ressources illimitées, la convergence globale, l'espace, de nouvelles valeurs libérées.

Télé-démocratie (démocratie électronique) : L'étape au-delà du leadership et des gouvernements représentatifs qui permet à tous de participer directement et immédiatement à toutes les prises de décision.

Télé-genèse : (J'ai incorporé ce mot à partir des écrits de biologistes visionnaires.) Produire des bébés à partir des cellules sexuelles stockées d'hommes et de femmes qui ne se sont peut-être jamais rencontrés ou qui ne sont peut-être même pas contemporains. La télé-genèse ouvre la voie à la parentalité universelle et à la vie universelle.

Télé-humain : La prochaine étape dans l'évolution des humains. Un lien entre l'esprit humain et des télé-corps polyvalents durables. Nos parties animales fragiles telles que les yeux, les oreilles, les poumons, le cœur, les reins, le foie, etc... sont remplacés par des micro-ordinateurs implantés, des micro-télévisions, des micro-antennes, des microcassettes, des micro-unités de recyclage, etc... Le télé-humain est à tout moment protégé et facilement connecté aux autres personnes et aux points de communication. La communication est au cœur de son existence ses plaisirs son évolution accélérée.

Télésphères : L'étape au-delà du primitif/féodal/industriel. Les télé-sphères inaugurent des façons radicalement nouvelles d'utiliser le temps, l'espace, les ressources, les sens, l'énergie. Dans ce monde émergent, toutes les institutions centralisées et enracinées sont remplacées par des processus fluides et modulaires tels que : la télé-genèse, la télé-éducation, la télémédecine, la télé-ferme, etc... Les télésphères créent un lien continu de personnes/technologies/processus.

Télé-technologie : matériel post-industriel. Automatisé, informatisé, télécommandé, cybernétique, robotisé, téléopéré. La télé-technologie est mobile, modulaire, propre.

Télé-transport : Systèmes de transport automatisés ou télécommandés. Tels que : les voies de guidage automatisées, les monorails automatisés, le submersible télécommandé, les avions sans pilote, les fusées et les engins spatiaux. Le télé-transport est activé par l'énergie solaire et nucléaire et l'hydrogène.

Up-Wingers

Transguides : Lignes directrices pour l'ère de transition du primal/féodal/industriel aux nouveaux mondes des télésphères et au-delà.

Transvie : Flux entrant et sortant de *mobilias*, emplois, professions, modes de vie, communautés, continents. Vie universelle fluide.

Transplanétaire : À travers la planète. Comme la vie transplanétaire.

Transutilisation : Utilisation non propriétaire des ressources. À utiliser pendant un certain temps puis à laisser aux autres. Au-delà de 2020, inter-utilisation mondiale de ressources et de matières premières illimitées.

Unicom (communication universelle) : Voyage, télécommunication, commerce mondial, *Unilang*, tout ce qui amplifie la communication universelle.

Unilang (langue universelle) : Anciennement appelée anglais. À l'heure actuelle, l'*unilang* est la langue principale dans plus de trente pays. Utilisé comme deuxième langue partout ailleurs dans le monde. *Unilang* inonde toutes les langues nationales : Le *sex appeal* — les *blugines* — *das way of life* — *el weekend* — *press Konferentsiya*, etc... Tour à tour, *Unilang* s'universalise quotidiennement à travers l'infusion de mots venus de toute la planète : Ambiance, détente, junte, karaté, zen, yoga, yaourt, shmock... À notre époque mondiale, les langues nationales sont *kaput*.

Vie universelle : Post-parenté et post-famille. La vie universelle est totalement ouverte, fluide, non exclusive. Les gens entrent et sortent de différents rythmes de vie : Célibataire, couple non exclusif et triade, *mobilia*, flux global. Dans la vie universelle, personne n'appartient à un autre. Nous appartenons tous les uns aux autres.

Paternité universelle : Considérer tous les enfants du monde comme les nôtres. Par la télé-genèse et la parentalité universelle, chaque nouveau-né appartient biologiquement et socialement au monde entier. Aucun enfant n'appartient à personne. Tous les enfants appartiennent à tout le monde.

Up (*Up-Wing*): Une nouvelle percée philosophique, au-delà de la droite et de la gauche politique, au-delà des conservateurs, des libéraux et des radicaux conventionnels. Au-delà de l'existentialisme. L'*Up* est engagé dans la prochaine étape de l'évolution et de l'histoire. Il facilite le flux vers les télésphères et l'abondance vers l'immortalité physique et vers la colonisation spatiale. Mais l'*Up* est plus qu'une percée idéologique. C'est aussi une nouvelle conscience triomphante, un optimisme sans culpabilité, sans honte, sans abnégation. Les *Up Wingers* ne se résignent à rien. Ils considèrent qu'aucun problème humain n'est irréversible, aucun objectif inaccessible.

La philosophie *Up* : Optimisme, Abondance, Universalisme, Immortalité.

Up-Wingers : Les personnes qui adoptent ou vivent la philosophie *Up-Wing*. Les gens qui sont debout.

Table des matières

Thomas Primerano est professeur certifié de philosophie. Titulaire d'un Master en philosophie obtenu à la Sorbonne, membre de l'Association de la Cause Freudienne de Strasbourg, sympathisant de L'Association Française Transhumaniste. Il est l'auteur de plusieurs livres et opuscules de philosophie, mais aussi d'articles d'actualité parus sur *Gavroche média*, ainsi que d'articles scientifiques parus sur *La-Philosophie.com* dont il est le Rédacteur en chef.

Crédit illustration de couverture : Victor Mosquera